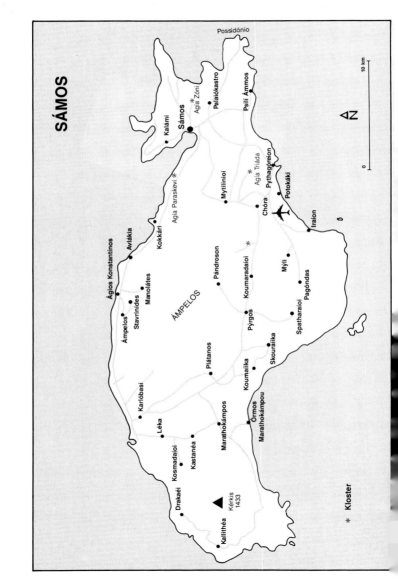

IKARÍA

- Katafýgion
- Théma
- **Ágios Kírykos**
- Agios Kírykos
- **Thérma Lefkádas**
- Lefkádas Evangelismós
- **Xylosýrtis**
- Phárdy 1037
- Evdilos
- Kámpos
- Theoktistí
- Armenístis
- △ Nas
- **Christós Ráchon**
- ATHÉRAS
- Magganítis
- Karkinágrio

* Kloster

0 5 km △N

Was Sie beim Gebrauch dieses Buches wissen sollten

Bücher der Serie ,,Nützliche Reisetips von A—Z'' bieten Ihnen eine Vielzahl von handfesten Informationen. In alphabetischer Reihenfolge klar gegliedert finden Sie die wichtigsten Hinweise für Ihre Urlaubsreise. Querverweise erleichtern die Orientierung, so daß man, auch wenn das Stichwort, beispielsweise ,,Ferienwohnungen'', nicht näher beschrieben wird, jederzeit das ausführlich behandelte Stichwort findet, hier: ,,Unterkunft''. Auf thematisch verwandte Stichworte wird ebenfalls häufig verwiesen. Z. B. sind unter dem Stichwort ,,Medikamente'' folgende Verweise aufgeführt: ,,Ärztliche Versorgung'', ,,Reiseapotheke'', ,,Apotheken'', ,,Impfungen''.

Mit Reiseführern der Serie ,,Nützliche Reisetips von A—Z'' beginnt die umfassende Information bereits vor Antritt Ihrer Urlaubsreise. So erfahren Sie alles von Anreise über Dokumente und Kartenmaterial bis zu Zollbestimmungen. Das Reisen im Land wird erleichtert durch umfassende Darstellung der öffentlichen Verkehrsmittel, Autoverleihe sowie durch viele praktische Tips von der Ärztlichen Versorgung bis zu den (deutschsprachigen) Zeitungen im Urlaubsland.

Die Städtebeschreibungen, die ebenfalls alphabetisch geordnet sind, enthalten die wichtigsten Fakten über die jeweilige Stadt, deren Geschichte sowie eine Beschreibung der Sehenswürdigkeiten. Zusätzlich enthalten die Städte-Kapitel eine Fülle an praktischen Tips — von Einkaufsmöglichkeiten, Restaurants, Unterkünften bis zu den wichtigsten Adressen vor Ort. Doch auch das Hintergrundwissen für die Reise kommt in dieser Serie nicht zu kurz. Wissenswertes über die Bevölkerung und ihre Kultur findet sich ebenso wie über die Geographie, die Geschichte, die aktuelle politische Lage und die wirtschaftliche Situation des Landes.

Als besonderen Leserservice bieten die Bücher der Reihe ,,Nützliche Reisetips von A—Z'' Preisangaben in harter Währung, so daß Sie sich in Ländern mit hoher Inflationsrate eine bessere Übersicht verschaffen können. Alle im Buch genannten Preise wurden in Deutsche Mark umgerechnet.

Nützliche Reisetips von A - Z

SÁMOS, IKARÍA
(Griechenland)

1991

Hayit Verlag Köln

CIP-Titelaufnahme der Deutschen Bibliothek

Bartzke, Kurt
Sámos, Ikaría (Griechenland) / [Autor: Kurt Bartzke]. - Köln : Hayit, 1990
   (Nützliche Reisetips von A - Z)
   ISBN 3-89210-238-4
NE: HST

1. Auflage 1990
2. unveränderte Auflage 1991
ISBN 3-89210-238-4

© copyright 1990, 1991, Hayit Verlag GmbH, Köln
Autor: Kurt Bartzke
Redaktionelle Mitarbeit: Klaus Eckhardt
Satz: Hayit Verlag GmbH, Köln
Druck: Druckhaus Cramer, Greven
Fotos: Kurt Bartzke, Griechische Zentrale für Fremdenverkehr/Frankfurt/M.
Karten: Ralf Tito

Alle Rechte vorbehalten   All rights reserved
Printed in Germany

Inhalt

Ortsverzeichnis

Agía Paraskeví (Sámos)	10
Agía Triáda (Sámos)	10
Agía Zóni (Sámos)	11
Ágios Kírykos (Ikaría)	11
Ágios Konstantínos (Sámos)	14
Ámpelos (Sámos)	15
Armenistís (Ikaría)	18
Avlákia (Sámos)	21
Chóra (Sámos)	24
Christós Ráchon (Ikaría)	25
Drakaéi (Sámos)	26
Evdilos (Ikaría)	31
Fanári (Ikaría)	32
Foúrnoi-Inseln (Ausflug)	37
Iraíon (Sámos)	48
Kalámi (Sámos)	50
Kallithéa (Sámos)	50
Kámpos (Ikaría)	52
Karkinágrio (Ikaría)	53
Karlóbasi (Sámos)	53
Kastanéa (Sámos)	57
Katafýgion (Ikaría)	57
Kokkári (Sámos)	62
Kosmadaíoi (Sámos)	65
Koumaradaíoi (Sámos)	65
Koumaíika (Sámos)	66
Kuşadasi/Türkei (Ausflug)	67
Lefkádas Evangelismós (Ikaría)	67
Léka (Sámos)	67
Magganítis (Ikaría)	68
Manolátes (Sámos)	69
Marathokámpos (Sámos)	69
Megális Panagías (Sámos)	70
Mýli (Sámos)	71
Mytilinioí (Sámos)	71
Nas (Ikaría)	73
Nikolóudes (Sámos)	74
Órmos Marathokámpou (Sámos)	75
Órmos Megálo Seitani (Sámos)	76
Pagóndas (Sámos)	77
Palaiókastro (Sámos)	78
Panagías Kótsika (Sámos)	78
Pándroson (Sámos)	78
Perdíki (Ikaría)	78
Platanákia (Ikaría)	80
Plátanos (Sámos)	81
Possidónio (Sámos)	81
Potámi (Sámos)	82
Potokáki (Sámos)	82
Psilí Ámmos (Sámos)	83
Pýrgos (Sámos)	83
Pýrgos Sarakíni (Sámos)	84
Pythagóreion (Sámos)	84
Samiopoúla (Ausflug)	95
Sámos-Stadt (Vathy)	95
Skouraíika (Sámos)	105
Spatharaíoi (Sámos)	105
Stavrinídes (Sámos)	109
Theoktísti (Ikaría)	111
Thérma (Ikaría)	111
Thérma Lefkádas (Ikaría)	112
Timíou Stavroú (Sámos)	113
Türkei (Ausflug)	114
Valeondádes (Sámos)	116
Vlammarí (Sámos)	118
Vourliótes (Sámos)	118
Vrondiáni (Sámos)	119
Xylosýrtis (Ikaría)	122
Zoodóchos Pigí (Sámos)	124

Allgemeine praktische Informationen

Ärztliche Versorgung	9
Anreise	15
Apotheken	17
Ausflüge	19

Ausrüstung	20
Automobilclubs	20
Autovermietung	20
Benzin	22
Bevölkerung	22
Botschaften und Konsulate	23
Camping	24
Dokumente	25
Einkaufen	26
Ermäßigungen	27
Essen und Trinken	27
Feiertage und Feste	32
FKK	34
Fotografie	36
Geld und Devisen	38
Geographie	40
Geschichte	41
Geschwindigkeitsbeschränkungen	45
Grüßen	45
Ikonen	46
Impfungen	48
Kafenío(n)	49
Karten	56
Kinder	57
Kleidung	58
Klima	60
Klöster	61
Kriminalität	66
Literatur	68
Maße und Gewichte	70
Mythologie	72
Olympic-Airways	74
Períptero	79
Pflanzen	79
Post	82
Preise	83
Reiseapotheke	90
Reisen auf und zwischen den Inseln	91
Religion	93
Sehenswürdigkeiten	104
Sport	106
Sprache	106
Strände	109
Stromspannung	110
Telefonieren	110
Tiere	112
Touristeninformation	114
Unterkunft	115
Unterhaltung	116
Verhalten	117
Verkehr	117
Versicherungen	118
Visum	118
Wandern	120
Wein	120
Wirtschaft	121
Zeit	122
Zeitungen	122
Zoll	123

Ärztliche Versorgung

Sie brauchen sich als Urlauber auf einer der beiden Inseln keine Sorgen um Ihre ärztliche Versorgung zu machen, sie ist sowohl auf Sámos als auch auf Ikaría gesichert, allerdings mit erheblichen quantitativen Unterschieden.
Auf Sámos gibt es ein gut ausgestattetes Krankenhaus und Arztpraxen in vielen Orten der Insel, die meisten entsprechen auch medizinisch durchaus dem mitteleuropäischen Standard.
Auf Ikaría beschränkt sich das Angebot an Arztpraxen auf den Hauptort Ágios Kírykos und die Gegend um Evdilos an der Nordküste. Hier ist aber im Falle einer akuten medizinischen Versorgung ein Transport nach Sámos immer gewährleistet. Fast überall sprechen die Ärzte zumindest eine Fremdsprache, meistens ist es Englisch, so daß es mit der Verständigung keine sehr großen Probleme geben dürfte. Schwieriger und teilweise auch komplizierter sind für den Urlauber die formalen Wege einer ärztlichen Behandlung. Für den Touristen stellen die deutschen Krankenkassen einen sogenannten Internationalen Krankenschein (Formular E 111) aus, der angeblich zur kostenlosen ärztlichen Versorgung im betreffenden Land berechtigt. Doch anders als bei uns kann man mit diesem Internationalen Krankenschein nicht direkt zum betreffenden Arzt gehen, sondern muß sich erst von der griechischen Gesundheitsorganisation (IKA), d. h. deren Zweigstellen auf Sámos und Ikaría ein sogenanntes „Vivliário" ausstellen lassen, das ein Berechtigungsheft für eine ärztliche Behandlung ist und in etwa dem deutschen Krankenscheinheft entspricht. Da diese Ausstellung nur unter erheblichem bürokratischen Aufwand möglich ist, verzichtet man im Notfall am besten darauf und bezahlt lieber die ärztliche Behandlung in bar. Denn selbst mit diesem „Vivliário" kann man nicht direkt zu jedem beliebigen Arzt gehen, sondern ist an ganz bestimmte Vertragsärzte gebunden, jeden anderen Arzt muß man ebenfalls wieder bar bezahlen.
Doch Sie brauchen nicht in Panik zu geraten, denn die normale ärztliche Behandlung und auch die Medikamente sind auf Sámos und Ikaría im Durchschnitt erheblich billiger als bei uns, da auch die Griechen selbst ihre Behandlung meistens bar bezahlen müssen.
Lediglich bei einem längeren Krankenhausaufenthalt kann es sinnvoll sein, sich von der IKA ein „Vivliário" ausstellen zu lassen.
Ansonsten geht man am besten den einfacheren Weg, so wie es in Griechenland auch üblich ist, bezahlt den Arzt und sämtliche Medikamente in bar und läßt sich darüber Quittungen (am besten in englischer Sprache) ausstellen. Diese Quittungen kann man nach der Rückkehr bei der jeweiligen deutschen

Krankenkasse einreichen zwecks Rückerstattung der Beträge. Zur Vereinfachung sollten diese Quittungen allerdings übersetzt sein. In der Regel bekommt man problemlos das Geld von der Krankenkasse, allerdings zu einem ungünstigeren Dr./DM Umrechnungskurs erstattet.
Wer sich trotzdem vollständig für den Krankheitsfall absichern möchte, sollte sich von seiner Krankenkasse wegen einer zusätzlichen Auslandskrankenversicherung beraten lassen, mit solch einer Versicherung ist dann beinahe jedes Risiko abgesichert, auch der Rückflug im Notfall. Die Adresse der IKA auf Sámos erfährt man im Krankenhaus in Sámos-Stadt in der Arh. Irineou, auf Ikaría bei der EOT-Touristeninformation in Ágios-Kírykos.

Agía Paraskeví (Sámos)

Agía Paraskeví ist ein winziger Weiler mit dazugehörigem Fischerhafen, 9 km von Sámos-Stadt entfernt, im äußersten Nordosten der Insel gelegen. Es ist ein melancholisch-idyllisches Plätzchen, nur wenige Urlauber finden hier hin, die meisten kehren dem Ort aber auch sehr schnell wieder den Rücken, denn hier sagen sich wirklich die Füchse Gute Nacht.

Im Ort gibt es sogar eine kleine Taverne, die allerdings nur im Sommer geöffnet hat und ein kleines Hotel mit einigen Zimmern.

Der Badestrand befindet sich östlich des Ortes auf der anderen Seite der kleinen Halbinsel, besteht jedoch nur aus grobem Kies.

Agía Paraskeví hat keinerlei öffentliche Verkehrsverbindung mit Sámos-Stadt.

Agía Triáda (Sámos)

Agía Triáda ist noch ein recht junges Kloster. Es wurde erst im Jahre 1836 von einem Mönch aus den Kloster Zoodóchos Pigí (→*dort*) gegründet.
Die Lage des Klosters in der Bergeinsamkeit, obwohl nur wenig nördlich von Pythagóreion gelegen, lohnt einen Besuch.
Das Innere ist allerdings recht enttäuschend, auch die Klosterkirche beherbergt keine sehenswerten alten Ikonen, denn die Anlage wurde im Jahre 1900 durch ein Erdbeben zerstört und 1905 wieder aufgebaut.
Im Kloster leben noch einige Nonnen, die allerdings über Besuch außer in ihrer langen Mittagspause recht erfreut sind. Vom Kloster aus kann man in ca. zwei Stunden nach Pythagóreion hinunter wandern, allerdings durch unebenes Gelände.

Agía Zóni (Sámos)

Das Kloster Agía Zóni mit dem gleichnamigen Weiler (stellenweise wird der Ort auch Vlammarí genannt) läßt sich sehr gut von Sámos-Stadt aus zu Fuß auf einer kurzen Wanderung durch die Vlammerí-Ebene erreichen.
Das 1695 gegründete und 1731 erneuerte Kloster ist mit seinem blumengeschmückten Innenhof sicherlich eines der schönsten auf Sámos. Die gesamte Klosterkirche ist mit uralten Fresken bemalt, die meisten sind allerdings schon stark ausgeblichen. Ihre Entstehungsgeschichte geht auf das 17. Jh. zurück; etwas jünger, nämlich von 1801, ist das prächtige holzgeschnitzte Templon.
Das gesamte Kloster wird zur Zeit nur noch von zwei Mönchen bewohnt, die aber alle Besucher willkommen heißen.
Besonders interessant ist das Kirchweihfest, das hier jedes Jahr am 31. August stattfindet.
Direkt unterhalb des Klosters liegt der kleine Weiler Agía Zóni mit seinem uralten Dorfplatz und den riesigen Platanen, ein äußerst angenehmes Fleckchen Erde.

Ágios Kírykos (Ikaría)

Der an der Südküste gelegene Ort Ágios Kírykos ist mit seinen 3500 Einwohnern zugleich Hauptort der Insel.
So faszinierend das Bergpanorama von Ikaría auch ist, der erste Eindruck von Ágios Kírykos ist ernüchternd, fast sogar erschreckend. Anstelle schöner architektonischer Bauwerke wird der Ort geprägt von einer riesigen Betonmole mit einem modern-häßlichen Ikarus-Denkmal und von einem Zementwerk, dessen staubiger Schleier sich förmlich über den Ort zu legen scheint.
Die riesige Betonmole ist leider nötig, denn Ágios Kírykos besitzt keinen natürlichen Hafen, auch jetzt ist das Anlegen für die Fähren bei stärkerem Wind recht mühselig.
Dieser doch sehr unromantische Eindruck des Ortes hat aber dafür gesorgt, daß sich selbst in der Hochsaison hier nur sehr wenige Urlauber aufhalten, was zur Folge hat, daß Ágios Kírykos ein typisch griechisch gebliebenes Inselstädtchen ist, wo die wenigen Urlauber kaum auffallen. Alles geht hier seinen geregelten Gang, die meisten Einwohner sind in kleineren Betrieben und dem Zementwerk beschäftigt. Souvenirgeschäfte wird man wahrscheinlich vergeblich suchen. Als Fischer arbeiten nur die wenigsten, die Ikarioten waren schon immer sehr bodenständige Menschen.

Ágios Kírykos eignet sich durchaus als Standquartier für einige Tage, legt man auf Badefreuden keinen Wert und möchte man die Umgebung des Ortes etwas näher kennenlernen.
Denn hinter dieser unscheinbaren Eingangspforte verbirgt sich eine landschaftlich ungemein grandiose Insel mit faszinierender Vegetation und wunderschönen Sandstränden an der Nordküste.

Ágios Kírykos / **Sehenswürdigkeiten**

Hier ist der Fächer äußerst schmal gespannt, die auffälligste Sehenswürdigkeit des Ortes ist die etwas oberhalb des Hafens liegende zweitürmige Mitrópolis (Bischofskirche) von Ágios Kírykos aus dem 18. Jh.
Im Ort befindet sich noch eine zweite, kleinere und ältere Kirche, die dem Heiligen Nikolaus gewidmet und mit schönen Wandmalereien und einer kostbaren Ikonostase ausgestattet ist.
Im Gymnasium ist eine kleine archäologische Sammlung mit Exponaten aus der historischen Vergangenheit der Insel untergebracht (Öffnungszeiten bei Bedarf, Eintritt ist kostenlos).
Darüber hinaus kann man bei einem Spaziergang durch die Gassen des Ortes teilweise noch schöne alte Häuser im türkischen Baustil und mit alten Schieferplatten gedeckte Häuser bewundern, viele von ihnen allerdings in einem recht verkommenen Zustand.
Von Ágios Kírykos aus führt eine kleine Straße in östlicher Richtung zum Hauptbadeort der Südküste, nach Thérma, das auch gleichzeitig Kurort ist (→*dort*).

Ágios Kírykos / **Praktische Informationen**

Ärztliche Versorgung: Die ärztliche Versorgung auf der Insel ist sichergestellt, die Adressen der Ärzte erfährt man bei der Touristeninformation am Hafen. Zwei Apotheken befinden sich ebenfalls im Ort.
Auto- und Mopedvermietung: Nach den letzten Informationen werden auf Ikaría nur Mopeds und Mofas, aber keine Autos vermietet. Eine Verleihstation befindet sich an der Uferstraße in der Nähe der Touristeninformation. Ein Moped kostet ca. 25 DM/Tag, bei mehreren Tagen Verleih wird es etwas billiger.
Bademöglichkeiten: Über Bademöglichkeiten verfügt Ágios Kírykos so gut wie gar nicht, erst in östlicher Richtung beim Ort Thérma gibt es mehrere kleinere Kiesstrände. 2 km westlich des Ortes befindet sich ebenfalls ein kleiner Strand, er ist allerdings nur zu Fuß erreichbar. Die schönsten Strände der Insel befinden sich an der Nordküste beim Dörfchen Armenistís (→*dort*).

Banken: Es gibt im Ort eine kleine Bank, die auch Euroschecks und Reiseschecks eintauscht (Öffnungszeiten 8.30-13.30 Uhr). Außerhalb der gesetzlichen Öffnungszeiten kann man unter Umständen auch in den Hotels Geld umtauschen.

Einkaufen: In Ágios Kírykos sind alle Artikel des täglichen Bedarfs erhältlich, es gibt genügend Geschäfte im Ort. Souvenirartikel wird man hier allerdings nicht erwerben können.

Essen und Trinken: Es gibt einige Tavernen und Kafenía im Ort, die meisten befinden sich an der Hafenpromenade. Schön sitzen läßt es sich in der Taverne direkt am Hafen, hier ist einer der besten Beobachtungspunkte. Das Essen ist gut, die Auswahl durchschnittlich, die Preise sind eher im unteren Drittel angesiedelt.

Unterhaltung: Trotz der Abgelegenheit der Insel dürfen natürlich auch hier die Diskotheken nicht fehlen, es sei die Disco ,,Aquitana'' erwähnt, an der Hauptstraße in westlicher Richtung.

Unterkunft

Es gibt recht preiswerte kleinere *Hotels:* Hotel ,,Isabella'', DZ ca. 25-30 DM, Tel. 02 75/2 22 38.

Hotel ,,Akti'', DZ ca. 30 DM, Tel. 02 75/2 26 94.

Hotel ,,Galini'', DZ ca. 30 DM, Tel. 02 75/2 25 30.

Darüber hinaus werden im Ort noch etliche *Privatzimmer* angeboten, teilweise schon ab 12-15 DM.

Bei der Vermittlung hilft auch die Touristeninformation im Ort.

Verkehrsverbindungen: Es gibt nur eine durchgehende *Buslinie* auf der Insel, die Ágios Kírykos im Süden mit Evdilos, im Norden mit Armenistís verbindet und bedarfsmäßig auch noch einzelne Ortschaften im Inselinneren anfährt. In der Regel fährt dieser Bus 1-2 x täglich, auf jeden Fall aber, wenn eine Fähre einläuft. Die Fahrt nach Armenistís kostet ca. 7 DM (für fast 50 km). Der Bus fährt direkt am Hafen ab, dort kann man auch die genauen übrigen Abfahrtszeiten erfragen.

Es gibt auch einige *Taxen* auf der Insel. Da die Busdichte sehr gering ist, kann man ab und zu darauf angewiesen sein, sie sind jedoch nicht sehr billig. Die Fahrt nach Evdilos (30 km) kostet ca. 35 DM, nach Armenistís fahren nicht alle Wagen, wegen der langen und anstrengenden Rückfahrt.

Dafür sind die *Linienschiffsverbindungen* mit Ikaría ausgesprochen gut, sowohl Sámos als auch Piräus lassen sich problemlos erreichen. Mindestens 10 x wöchentlich Verbindung mit Piräus (Fahrtdauer ca. 10 Stunden, Preis ca. 22 DM).

4 x wöchentlich Verbindung mit Páros (Fahrtdauer ca. 5 Stunden, Preis ca. 10 DM).
4 x wöchentlich mit den Foúrnoi-Inseln (Fahrtdauer ca. eine Stunde, Preis ca. 5 DM).
Mindestens 10 x wöchentlich Verbindung mit Sámos (Fahrtdauer ca. 2 Stunden, Preis ca. 8-10 DM).
Zusätzlich gibt es noch 2 x wöchentlich eine Verbindung nach Pátmos/Dodekanes. Die Tickets für die Fährschiffe werden bei der Touristeninformation verkauft. Im Sommer fahren zusätzlich bei Bedarf kleinere Ausflugsboote zu einzelnen Stränden an der Südküste der Insel.
Außerdem gibt es noch je 3 x wöchentlich eine Verbindung im lokalen Kaikiverkehr (kleine Boote) mit den beiden Orten Karkinágrio und Magganítis an der Südküste der Insel, die nur mit dem Schiff zu erreichen sind.
Die genauen Abfahrtszeiten aller Schiffe erfragt man am besten an der Touristeninformation, da sie je nach Saison erheblichen Schwankungen und Zeitverschiebungen unterliegen.

Wichtige Adressen
Die Touristeninformation an der Hafenpromenade ist Anlaufpunkt für alle wichtigen Fragen und hilft auch bei der Vermittlung von Privatzimmern. Außerdem befindet sich hier der Ticketverkauf für die Fähren.
Weitere wichtige Telefonnummern sind:
Polizei: 02 75/2 22 22
Hafenamt: 02 75/2 22 07
Rathaus: 02 75/2 22 02

Ágios Konstantínos (Sámos)

Ágios Konstantínos ist ein kleiner Hafenort etwa auf halber Strecke zwischen Kokkári und Karlóbasi gelegen.
Zwar haben sich die Bewohner hier auch schon auf Tourismus eingestellt, jedoch ist der Ort immer noch ein typisches Bauern- und Fischerdorf. So gibt es im Ort mittlerweile einige kleinere Hotels und Pensionen, z. B. Hotel ,,Ariadne", und zusätzlich werden noch einige Privatzimmer vermietet, doch geht alles noch seinen ruhigen Gang.
Der schönste Fleck des Ortes ist der oberhalb der Küstenstraße gelegene Ortsteil Ano Ágios Konstantínos (der ältere Ortsteil). Sehenswert ist hier die kleine Kreuzkuppelkirche und ein kleines Kafenío unter alten Bäumen.
Die Taverne ,,To Kyma" direkt am Ufer ist recht empfehlenswert, die Gerichte sind einfach, aber auch preiswert.

Ágios Konstantínos hat mehrmals am Tag regelmäßige Linienbusverbindung mit Sámos-Stadt und Karlóbasi.
In Ágios Konstantínos zweigt auch eine kleine Stichstraße zu den Bergdörfern Ámpelos (→*dort*) und Stavrinídes (→*dort*) ab.

Ámpelos (Sámos)

Ámpelos ist ein kleines Bergdorf, ca. 3 km oberhalb von Ágios Konstantínos gelegen. Es ist ein recht malerischer Ort mit einer schönen Platía, an der sich eine Taverne und ein Kafenío befinden, beide übrigens sehr empfehlenswert. Von hier aus hat man einen wunderschönen Blick hinunter aufs Meer.
Es sollen in Ámpelos angeblich einige Privatzimmer vermietet werden, fragen Sie am besten im Kafenío nach.
Der Ort besitzt keinerlei Linienbusverbindung mit Sámos-Stadt.

Anreise

Anreise mit dem Auto
Mit dem Auto erreicht man Griechenland, Athen/Piräus und damit auch die Fähren nach Sámos und Ikaría im wesentlichen auf zwei Hauptrouten: zum einen über Österreich und durch Jugoslawien über den gefürchteten und bekannten Autoput (der aber mittlerweile auf einem Großteil der Strecken entschärft und gut ausgebaut wurde), zum anderen über die auf jeden Fall bequemere Italienstrecke mit anschließender Autofähre nach Griechenland (meist nach Pátras).
Der Vorteil der Italienroute sind die vollständig ausgebauten Autobahnen bis zum Zielort und die Möglichkeit, auf den Autofähren schon einigermaßen entspannt in Griechenland anzukommen, der Nachteil sind die recht hohen Autobahngebühren in Italien, die hohen Preise für die Schiffspassagen und die Notwendigkeit, diese Schiffspassagen schon von zu Hause aus vorbuchen zu müssen, damit man noch einen Platz bekommt. Man ist bei der Hinfahrt und auch Rückfahrt also auf einen genauen Zeitplan angewiesen. Zwar wird der Autoput ständig ausgebaut, jedes Jahr kommt ein neues Stück Autobahn hinzu (die Strecke Zagreb-Belgrad ist zu zwei Dritteln, die Strecke Belgrad-Nis fast vollständig, die Strecke Nis-Skopje teilweise ausgebaut), doch immer bleiben noch mehrere 100 km unübersichtliche, eintönige zweispurige Streckenführung.

Doch gerade das unangenehmste, weil vielleicht langweiligste Stück des Autoput (je nach Route Ljubliana-Belgrad oder Maribor-Belgrad) kann man sich sparen. Auf diesen Strecken verkehren Autoreisezüge, die den Reisenden samt Auto ca. 600 km weit befördern. Die Abfahrten erfolgen abends gegen 20 Uhr im jeweiligen Hauptbahnhof, die Ankunft der Züge ist morgens gegen 6 Uhr in Belgrad (und natürlich auch umgekehrt). So kommt man einigermaßen ausgeruht an, denn mit dem Fahrkartenkauf bucht man automatisch ein Schlafwagenabteil mit (Preise: Einfache Fahrt für 2 Personen incl. Pkw ca. 95 DM). Die Fahrkarten für diese Züge kann man am jeweiligen Hauptbahnhof lösen, lediglich zu Beginn einer Ferienwelle kann es vorkommen, daß ein Zug ausgebucht ist.

Alle autobahnähnlich ausgebauten Teilstücke des Autoput sind in Jugoslawien gebührenpflichtig. In Griechenland werden für drei Teilstücke der Strecke Thessaloníki-Athen ebenfalls Gebühren verlangt.

Wenn die Frage gestellt wird, ob sich die Anreise mit dem eigenen Pkw nach Sámos oder Ikaría überhaupt lohnt, kann sie eindeutig mit ,,Nein" beantwortet werden. Der Zeitaufwand ist sehr beträchtlich, und vor allem auf Sámos ist die Linienbusverbindung zu allen Teilen der Insel gut. Es existieren ausreichende Verleihstationen von Mietwagen, außerdem ist man ohne Auto viel beweglicher, falls man einmal eine Nachbarinsel besuchen möchte.

Anreise mit dem Bus
Nicht weniger zeitraubend und fast noch anstrengender ist die Fahrt mit den Europabussen, die zweimal wöchentlich via Köln/Frankfurt/München nach Athen/Piräus fahren, sie sind ebenfalls fast zwei Tage nonstop unterwegs. Ab Köln beispielsweise kostet die einfache Fahrt 210 DM, hin und zurück geht es für 399 DM. Auskünfte dazu erteilt jedes Reisebüro.

Anreise mit der Bahn
Eindeutig schneller und auch komfortabler ist hier die Anreise mit dem Zug, dem ,,Hellas-Express", der mehrmals wöchentlich verkehrt. Doch gerade während der Ferienzeit ist dieser Zug sehr überfüllt, so daß hier eine frühzeitige Platzreservierung zu empfehlen ist. Auskünfte und Reservierungen über jeden Bahnhof oder über die Reisebüros. Ohne Reservierungen: einfache Fahrt 320,40 DM, hin und zurück 640,80 DM.

Anreise mit dem Flugzeug
Die eindeutig schnellste, bequemste und auch empfehlenswerteste Art der Anreise nach Sámos und Ikaría ist mit dem Charterflugzeug.
Von sehr vielen deutschen Flughäfen und auch von den benachbarten europäischen Flughäfen werden Charterflüge nach Sámos angeboten. Der Flugpreis beläuft sich je nach Saison und Abflughafen auf ca. 600-800 DM, die

Flugdauer beträgt ca. 3 Stunden. Von Sámos aus ist dann die Insel Ikaría täglich mit der Fähre in 2 Stunden zu erreichen (→*Verkehrsverbindungen bei den jeweiligen Ortschaften*).
Anreise mit der Fähre
Die großen Autofähren zwischen Piräus und Ikaría bzw. Sámos verkehren täglich und sind bis Ikaría ca. 9 Stunden und bis Sámos ca. 12 Stunden unterwegs. Sie laufen auf der Route nach Sámos immer auch die Insel Ikaría an.
Tickets für die Schiffe nach Sámos und Ikaría kauft man am besten in einer der vielen Agenturen direkt am Hafen von Piräus oder auch direkt auf dem Schiff. Die Preise sind bis auf ganz geringe Schwankungen immer die gleichen. Hier die Adresse der Büros der beiden wichtigsten Fährlinien nach Sámos und Ikaría:
- Agapitos Lines, 18535 Piräus, Kolokotróni 99, Tel. 01/4 13 62 46.
- Hellenic Coastal Lines S.A., 18531 Piräus, Akti Possidonos 28, Tel. 01/4 12 24 23.

Apotheken

Griechische Apotheken sind in der Regel recht gut sortiert und führen die meisten bekannten ausländischen Präparate. Auf die Apotheken auf Sámos trifft dies auf jeden Fall zu, auf Ikaría muß man bisweilen kleinere Abstriche machen, hier kann es schon einmal vorkommen, daß man das eine oder andere Medikament nicht erhält.
Vom Arzt verschriebene Medikamente müssen ebenfalls in der Regel bar bezahlt werden, der internationale Krankenschein (→*Ärztliche Versorgung*) wird meistens ignoriert, doch sollte man sich auf jeden Fall die Medikamente quittieren lassen und die Quittungen gut aufbewahren.
Fast sämtliche Medikamente, auch solche, die bei uns auf jeden Fall rezeptpflichtig sind, sind frei erhältlich und auch meistens bedeutend billiger als hierzulande.
Auf Sámos findet man in nahezu jeder größeren Ortschaft zumindest eine Apotheke, sie sind in ausreichender Anzahl vorhanden.
Auf Ikaría ist das Netz der Apotheken schon wesentlich dünner, längere Anfahrtswege müssen in Kauf genommen werden.
Hinweise zu den Apotheken sind unter den jeweiligen Ortsbeschreibungen aufgeführt.

Armenistís (Ikaría)

Das 52 km von Ágios Kírykos an der Nordküste der Insel gelegene kleine Örtchen Armenistís ist gegenwärtig die Endstation der Buslinie von Ágios Kírykos. In der direkten Umgebung des Ortes befinden sich die schönsten Sandstrände von Ikaría, und so avanciert der winzige Ort langsam aber sicher zu *dem* Fremdenverkehrsort von Ikaría.

In der Hochsaison kann es schon jetzt manchmal schwierig werden, eine Unterkunft zu finden. Trotz zahlreicher Neubauten sind die Kapazitäten immer noch sehr begrenzt.

Wenn man bisher von Ikaría ein bißchen enttäuscht war, Armenistís wird einen bestimmt entschädigen, denn der Ort besitzt alles, wovon das Urlauberherz träumt, wunderschöne goldene Sandstrände, ausgesprochen preiswerte Tavernen, ein herrliches Panorama und ein landschaftlich äußerst interessantes Hinterland.

So hat der Ort in den letzten Jahren vor allem junge Leute und junge Familien mit Kindern angezogen. Die Kinder können bei dem geringen Autoverkehr gefahrlos spielen, und man lernt sich in dem kleinen Ort schnell kennen.

Armenistís / **Praktische Informationen**

Bademöglichkeiten: Bademöglichkeiten gibt es genügend in der näheren Umgebung des Ortes, am schönsten sind die beiden Sandstrände vor dem Ort, die beiden ca. 300 m langen Strände sind durch eine Felsnase voneinander getrennt.

Da diese Strände offen dem Nordwind ausgesetzt sind, kann es vor allem im Hochsommer schon mal zu stärkerem Seegang kommen, ansonsten sind sie auch gut für Kinder geeignet. Leider gibt es fast keinen Schatten hier, die Plätze unter den wenigen Büschen sind schnell besetzt.

Bank, Post und OTE: Diese findet man kombiniert in dem kleinen Lebensmittelladen am Ende der kurzen Uferstraße.

Beim Geldwechseln werden allerdings manchmal recht hohe Gebühren verlangt.

Essen und Trinken: Die Auswahl an Tavernen ist für solch einen kleinen Ort ausgesprochen riesig, die meisten konzentrieren sich oberhalb der Uferstraße auf einer Art Tavernen-Terrasse. Nur an der Farbe der Tischdecken ist ersichtlich, in welcher Taverne man gerade sitzt. Das Angebot ist überall reichhaltig, die Qualität des Essens gut und die Preise erstaunlich niedrig, alle Tavernen sind wirklich empfehlenswert.

Ebenfalls sehr zu empfehlen sind die Tavernen in der Pension ,,Ikaros", wo man besonders schön im Garten sitzen kann, und die Taverne auf der Felsnase zwischen den beiden Stränden, von der aus man einen schönen Blick auf den Ort und seine Bucht hat.

Mopedverleih: In der Hochsaison existiert im Ort eine Mopedverleihstation, die Preise sind allerdings recht teuer, ca. 25 DM/Tag.

Schöne Wanderungen lassen sich von Armenistís aus ins Inselinnere (z. B. zum Dörfchen Christós Ráchon →*dort)* oder nach Nas (→*dort)* mit seiner antiken Kultstätte unternehmen.

Unterkunft
Die Unterkunftsmöglichkeiten im Ort beschränken sich auf eine größere Pension, die Pension ,,Ikaros" (besonders familienfreundliche Besitzer, viele Familien kommen jedes Jahr wieder), und auf viele, teilweise recht einfache Privatzimmer (schon ab ca. 10-15 DM/DZ). Je weiter im Ort die Zimmer liegen, desto ruhiger sind sie, direkt an der Uferstraße ist es bis spät in die Nacht hinein recht laut.

Am ersten längeren Sandstrand beim Ort befindet sich sogar ein einfacher *Campingplatz* mit Gemeinschaftsduschen.

Verkehrsverbindungen: Armenistís hat je nach Saison 1-2 x täglich Linienbusverbindung mit Ágios Kírykos, in der Regel fährt der Bus morgens so früh los, daß er noch die Fähre gegen 9 Uhr in Ágios Kírykos erreicht (ca. 2 Stunden Fahrtzeit).

Ausflüge

Da Sámos verkehrsmäßig äußerst günstig an die innergriechischen Schiffahrtslinien angeschlossen ist, lassen sich von hier aus hervorragend Ausflüge für ein oder mehrere Tage unternehmen.

Dabei bieten sich vor allem die Inseln des nördlichen Dodekanes (Pátmos, Lipsi, Agathonísi) an, aber auch Chíos.

Des weiteren werden auch Tagesausflüge in die Türkei nach Kuşadasi angeboten (→*dort)*, eine sicher reizvolle Alternative. Hier sollte man sich allerdings vorher bei den örtlichen Reiseagenturen genauestens informieren (→*Türkei).*
Wenn man nicht an organisierten Ausflügen interessiert ist, kann man auch sehr bequem mit den Linienschiffen Trips zu den einzelnen Inseln auf eigene Faust unternehmen. Dabei muß man allerdings für diese Ausflüge teilweise mehrere Tage einplanen, da oft Rückfahrten am gleichen Tag nicht mehr möglich sind.

Von Ikaría aus ist die Möglichkeit für Ausflüge sehr beschränkt, hier bieten sich lediglich die kleinen Inseln der Foúrnoi-Gruppe an (→*dort*), sie werden von Ikaría aus im lokalen Kaikiverkehr (Kaiki = kleine Boote) angelaufen.
Für genauere Informationen und eventuell auch für die Ausarbeitung von Routen für Tages- und Mehrtagestouren wendet man sich am besten an die EOT-Touristeninformation in Sámos-Stadt oder Pythagóreion (→*dort*) bzw. an eine der vielen Reiseagenturen auf Sámos.

Auskunft →*Touristeninformation*

Ausrüstung

Prinzipiell ist für beide Inseln keine spezielle Ausrüstung erforderlich, jedoch sollte man für ausgedehnte Bergtouren auf Sámos und Ikaría schon ein bißchen Erfahrung mitbringen.
Festes Schuhwerk und eine lange Hose sind für solche Zwecke unerläßlich, ein warmer Pullover sollte auch im Hochsommer nicht im Reisegepäck fehlen.
→*Kleidung*

Ausweispapiere →*Dokumente*
Autobahngebühren →*Anreise*

Automobilclubs

Der griechische Automobilclub ELPA hat seine Zentrale in Athen, Odós Messógion 2. Besonders auf der Nationalstraße 1 von Thessaloníki nach Athen verkehren regelmäßig die gelben Wagen der Clubs.
Der Auslandsschutzbrief des ADAC oder des AvD wird in der Regel problemlos akzeptiert, so spart man im Falle einer Panne Geld.
Auf Sámos und Ikaría gibt es keine offizielle Vertretung des ELPA, in Notfällen hilft jedoch auf Ikaría die Touristenpolizei weiter, auf Sámos die Autowerkstatt Emm. Kolaras & Co., Paraliaki Leoforos Samou, Tel. 02 73/2 71 67 in Sámos-Stadt. Falls Sie mit einem Mietwagen unterwegs sind, können Sie im Falle einer Panne auch immer den jeweiligen Verleiher anrufen.

Autovermietung

Ein Auto zu mieten, dürfte vor allem auf Sámos bezüglich der Auswahl kein großes Problem bereiten. Vor allem in den größeren Touristenorten der Insel gibt es etliche Anbieter.

Da sich die Fahrzeuge jedoch nicht immer in einem nach unseren Maßstäben sicheren Zustand befinden, ist eine Probefahrt sehr empfehlenswert. Gemessen am internationalen Standard sind die Mietpreise recht hoch, bezahlt werden fast immer nur Inklusivpreise, d. h. inklusive aller gefahrenen Kilometer zuzüglich Benzin. Je nach Modell belaufen sich die Tagesmieten auf 80-150 DM.
Bei einer mehrtägigen Mietdauer lassen sich oft Rabatte aushandeln.
Grundsätzlich empfiehlt sich der Abschluß einer zusätzlichen Kaskoversicherung, damit bei einem selbstverschuldeten Unfall auch alle Schäden abgedeckt sind. Doch leider kann es auch dann immer noch häufig genug zu Schwierigkeiten kommen, zwar gibt es offiziell eine sogenannte Deckungspflicht und eine Haftpflichtversicherungspflicht, doch die Zahlungsmoral der griechischen Versicherer ist nicht besonders gut, und die Autovermieter wenden sich im Falle eines Unfalls immer zuerst an den Mieter. Deshalb sollte man bei einem Unfall auf ein polizeiliches Protokoll bestehen, auch wenn es die Gegenseite anders sieht.
Die Niederlassungen der großen internationalen Autoverleiher auf Sámos befinden sich fast ausschließlich beim Flughafen oder in Sámos-Stadt. Sie sind in der Regel etwas teurer als die kleineren lokalen Anbieter, haben aber auf jeden Fall die seriösesten Geschäftsmethoden.
Auf Ikaría gibt es bis jetzt keine einzige offizielle Autovermietung, lediglich Roller und Mopeds wurden in einigen Orten angeboten.
Die Adressen der Verleiher sind unter den jeweiligen Ortschaften aufgeführt.

Avlákia (Sámos)

Avlákia ist ein kleines Küstendörfchen ca. 6 km von Kokkári Richtung Karlóbasi entfernt. Der Ort bietet an sich nichts Besonderes, liegt aber an einem herrlichen Kiesstrand, der nur einen Kilometer vom Ort entfernt ist. In der Nähe befinden sich weitere kleine Badebuchten.
Avlákia besitzt drei Tavernen, die alle durchaus zu empfehlen sind und ein recht neues Hotel am Strand, das Hotel ,,Avlákia", DZ ca. 35 DM, Tel. 02 73/ 9 42 30. In ganz bescheidenem Maße werden im Ort auch Privatzimmer vermietet, am besten fragt man in einer der Tavernen nach. Avlákia besitzt eine außerordentlich gute Busverbindung sowohl nach Sámos-Stadt als auch nach Karlóbasi (mindestens 5 x täglich). Kurz hinter Avlákia Richtung Karlóbasi befindet sich die Abzweigung zum Bergdorf Vourliótes (→*dort*) und zum Kloster Vrondiáni (→*dort*).

Benzin

Die Versorgung mit Benzin ist auf Sámos gut, das Tankstellennetz ist völlig ausreichend.

Anders ist es auf Ikaría, hier sind die Tankstellen sehr dünn gesät, es wird empfohlen, immer einen gefüllten Reservekanister dabeizuhaben.

Die Tankstellen führen Markenbenzin, doch ist die Oktanzahl in der Regel niedriger als bei uns, darum sollte man grundsätzlich Superbenzin tanken, für die meisten Mietwagen ist dies sogar Pflicht.

Die Preise für Normal- und Superbenzin sind geringfügig niedriger als bei uns. Glücklich kann sich der schätzen, der einen Diesel fährt, denn Diesel ist immer noch bedeutend preiswerter als bei uns (ca. 0,60 DM).

Bleifreies Benzin war bis jetzt auf beiden Inseln nicht erhältlich, eine aktuelle Liste ist jedoch bei den deutschen Automobilclubs erhältlich.

Bevölkerung

Sámos

Auf der Insel Sámos leben ca. 41 000 Menschen, davon entfallen auf den Hauptort Sámos-Stadt knapp 8000 Einwohner, die übrigen verteilen sich auf eine Vielzahl größerer und kleinerer Ortschaften.

Eigentlich ist Sámos eine der reicheren griechischen Inseln, aber auch Sámos ist von der allgemeinen Landflucht der Menschen und der damit verbundenen Abwanderungswelle betroffen, wenngleich die Bevölkerungszahl seit einiger Zeit wieder einen ganz leichten Aufwärtstrend aufweist.

Noch immer leben fast 80 % der Bevölkerung von der Landwirtschaft. Oliven, Tabak und natürlich Wein sind die wichtigsten Einnahmequellen. Durch den guten Boden und die ausgezeichneten klimatischen Bedingungen gelangen die Menschen in den Genuß wirklich hervorragender Ernteerträge.

Doch trotz dieser guten Bedingungen konnte und kann auch jetzt noch das Land die Menschen nicht mehr halten. So zählte die Insel 1951 fast 51 000 Einwohner, fast 10 000 mehr als heute. Es sind vor allem die jüngeren Menschen, die aus den Dörfern abwandern, zuerst in die Stadt, dann nach Athen oder sogar ins Ausland.

Von den auf der Insel verbleibenden Menschen suchen immer mehr ihr Auskommen auf dem sich immer stärker etablierenden Tourismussektor.

Dies hat leider zur Folge, daß mehr und mehr Äcker und Felder brach liegen, immer weniger landwirtschaftliche Erzeugnisse produziert werden und somit sehr viel importiert werden muß.

Bleibt zu hoffen, daß erkannt wird, wie notwendig eine intakte Infrastruktur für eine Insel wie Sámos ist. Denn eigentlich sind die Menschen dort fest mit ihrer Insel verwurzelt, es trieb sie noch nie in die Ferne. Im Großen und Ganzen sind die Samioten ein äußerst freundlicher und weltoffener Menschenschlag.
So wird man als Besucher der Insel schnell feststellen, daß man sich auf Sámos und bei den Samioten heimisch und geborgen fühlt.

Ikaría

Ikaría zählt gut 8000 Einwohner, wovon ca. 2000 im Hauptort Ágios Kírykos leben und womit die Insel eigentlich recht dünn besiedelt ist.
So abweisend und verschlossen, wie sich die Insel auf den ersten Blick präsentiert, so empfindet man als Besucher auch ihre Bewohner.
Schon immer führten die Bewohner von Ikaría ein sehr zurückgezogenes Leben, waren nur wenig in der Seefahrt tätig, beschäftigten sich hauptsächlich — und das sehr intensiv — mit der Landwirtschaft. So schafften es die Bewohner der Insel im 16. Jh., ohne von der Außenwelt wahrgenommen zu werden, auf ihrer Insel zu existieren — im Zuge der damaligen Piratenüberfälle sicher ganz nützlich. Denn Ikaría galt zu jener Zeit als unbewohnt.
Die Zeit der Piratenüberfälle ist zwar längst vorbei, doch die Lebensart der Einwohner ändert sich nur langsam. Ganz behutsam und vorsichtig öffnet sich die Insel dem Tourismus. Noch immer ist der größte Teil der Bewohner in der Landwirtschaft tätig.
Wer sich als Besucher dieser Insel intensiver mit ihren Menschen auseinandersetzt, wird sehr schnell merken, daß hinter der abweisenden Fassade ein herzensguter Menschenschlag steckt.
Die Ikarioten sind äußerst politische Menschen, in Griechenland wird Ikaría auch als die ,,Rote Insel'' bezeichnet. Nicht umsonst bekam die Kommunistische Partei bei den letzten Wahlen auf Ikaría einen hohen Prozentsatz an Stimmen.
Bleibt zu hoffen, daß die Menschen auf Ikaría auch in Zukunft noch viel von ihrer bisherigen Unabhängigkeit und Freiheit bewahren.

Botschaften und Konsulate

Eine Botschaft der Bundesrepublik Deutschland gibt es lediglich in Athen: Od. Karaolí, Ecke Od. Dimitriou 3, Tel. 01/72 48 01, ebenso von Österreich und der Schweiz.

Auf Sámos existiert ein Konsulat der Bundesrepublik Deutschland: Od. Sofouli 36, Tel. 02 73/2 75 27-2 72 60 in Sámos-Stadt.

Busbahnhöfe und Busverbindungen →*Reisen auf und zwischen den Inseln, jeweilige Ortschaften*

Camping

Trotz ihrer unterschiedlichen Strukturen sind beide Inseln keine Campinginseln im herkömmlichen Sinne.

Die Mehrzahl der Urlauber auf Sámos kommt als Pauschaltourist mit der Festbuchung für ein Hotel, aber auch die meisten Individualreisenden nehmen mit einer Pension oder einem Privatzimmer vorlieb. So besitzt Sámos auch keinen einzigen Campingplatz.

Rucksackurlauber, die am Strand schlafen, werden wohl hin und wieder toleriert, aber nicht gerne gesehen.

Etwas anders verhält es sich auf Ikaría, der Nachbarinsel. Hier sind das Gros der Urlauber Individualtouristen, vor allem an den schönen Stränden der Nordküste. In der Nähe von Evdilos und bei Armenistís findet man zwei sehr einfache unorganisierte Campingplätze, eigentlich nur etwas Schatten am Strand mit einfachen Duschgelegenheiten.

Wild zelten in einsamen Buchten der Nordküste wird toleriert. Der Camper kann jedoch auf erhebliche Versorgungsmängel stoßen, da die Orte teilweise weit auseinander liegen.

Auf jeden Fall sollte man darauf achten, daß durch das Campen die Natur nicht in Mitleidenschaft gezogen wird. Weite Teile von Ikaría und auch von Sámos sind dicht bewaldet, die kleinste Unachtsamkeit im Umgang mit Feuer kann hier schon eine mittlere Katastrophe auslösen.

Chóra (Sámos)

Der Ort Chóra, 5 km nordwestlich von Pythagóreion gelegen, war von 1560 bis 1855 (es wird auch 1834 angegeben) Hauptstadt der Insel.

Noch heute zeugen die ausgesprochen großen Häuser des Ortes von der einstigen Bedeutung. Sehenswert sind die zwei Kirchen Agía Paraskeví und Ágios Karalámbos mit schönen Wandgemälden und Ikonostasen.

Chóra ist ein recht hübscher Ort, es lohnt sich, abseits der Hauptstraße umherzustreifen und in einer der Tavernen oder in einem Kafenío einzukehren.

Der Ort bietet **Unterkunftsmöglichkeiten** in einigen kleineren Pensionen und in mehreren Privatzimmern.

Es besteht mehrmals täglich **Busverbindung** mit Sámos-Stadt und mit Pythagóreion.

Von Chóra aus kann man in mehreren **Tagestouren** sehr gut zu einigen der schönsten Klöster der Insel wandern, z. B. zu dem Kloster Megális Panagías (→*dort*), dem Kloster Timíou Stavroú (→*dort*) und dem Kloster Agía Triádas (→*dort*).

Christós Ráchon (Ikaría)

Christós Ráchon ist ein kleines Dorf, im westlichen Zentrum der Insel gelegen. Schön ist eine zweistündige Wanderung dorthin von Armenistís (→*dort*) aus, sie führt durch eine herrliche Waldlandschaft mit tiefgrünen Tälern und einzelnen Bauernhäusern. Es bieten sich großartige Ausblicke hinunter auf die Nordküste der Insel.

Auch Christós Ráchon ist eingebettet in diese wunderschöne grüne Landschaft, ein noch recht ursprüngliches Dorf mit kleinem Kafenío und Dorfkirche. Alles geht hier noch seinen geregelten Gang, lediglich in der Hochsaison kommen vereinzelt Urlauber hierher.

Im Dorf gibt es sogar eine kleine Bank, in der Geldumtausch möglich ist. Angeblich soll der Ort auch Linienbusverbindung mit Ágios Kírykos haben. Genaueres war aber nicht zu erfahren.

Auf schlechten Wegstrecken läßt sich von hier aus der fast völlig unbesiedelte Westen von Ikaría erkunden.

Dokumente

Für die Einreise nach Griechenland und auch nach Sámos und Ikaría mit dem Flugzeug genügt bei einem Aufenthalt bis zu drei Monaten der bundesdeutsche Personalausweis (→*Visum*). Wer mit dem eigenen Auto durch Jugoslawien einreist, benötigt zusätzlich noch den Reisepaß.

Kinder und Jugendliche unter 16 Jahren benötigen einen Kinderausweis mit Lichtbild oder müssen im Reisepaß der Eltern mit eingetragen sein.

Ein internationaler Führerschein wird in Griechenland nicht mehr benötigt, es genügt der gültige nationale Führerschein. Als Versicherungsnachweis für den Pkw wird allerdings die Grüne Versicherungskarte verlangt. Obwohl in Griechenland inzwischen alle Fahrzeuge haftpflichtversichert sein müssen, empfiehlt sich der zusätzliche Abschluß einer befristeten Kasko-Versicherung für das eigene Kfz, da die Regulierung der Schäden mit griechischen Haftpflichtversicherungen oft große Schwierigkeiten bereitet (→*Autovermietung*). Benötigt wird ebenfalls das Nationalitätskennzeichen am Auto.

Internationale Krankenscheine (Formular E 111) werden zwar immer noch empfohlen, haben aber in der Praxis manchmal recht wenig Wert (→*Ärztliche Versorgung*).
Besondere Impfungen sind nicht erforderlich. Wer sein Haustier mit nach Griechenland nehmen will, muß ein amtstierärztliches Gesundheitsattest vorlegen (am besten in englischer Sprache), außerdem eine Bescheinigung über eine in den letzten 12 Monaten erfolgte Tollwutimpfung.
Am praktischsten ist ein ausgefüllter internationaler Impfpaß, der beim Amtstierarzt erhältlich ist.

Drákanon (Ikaría) →*Fanári (Ikaría)*

Drakaéi (Sámos)

Der kleine Ort Drakaéi liegt wirklich am Ende der Welt (bzw. von Sámos) und ist 25 km von Órmos Marathokámpou entfernt auf schlechter Wegstrecke zu erreichen.
Drakaéi selbst besitzt keinerlei Sehenswürdigkeiten, besticht lediglich durch seine grandiose Lage in völliger Einsamkeit unterhalb des Kérkis-Massivs und durch die noch weitgehend unverändert gebliebene Dorfstruktur.
Im Ort selbst gibt es ein kleines Kafenío, das auch einfache Gerichte anbietet. Unterkunftsmöglichkeiten sind bisher keine vorhanden.
Erstaunlicherweise hat der Ort 2 x täglich Linienbusverbindung mit Sámos-Stadt, die Fahrt dauert allerdings fast drei Stunden.

Einkaufen

In vielen Geschäften, vor allem auf der Insel Sámos, werden natürlich auch die ,,typischen'' griechischen Souvenirartikel und andere Produkte der Tourismusindustrie angeboten.
Doch bietet Sámos auch einige Spezialitäten bzw. Besonderheiten, deren Erwerb durchaus lohnt:
So wird auf Sámos immer noch gute Gebrauchskeramik hergestellt.
Bekannt und berühmt ist außerdem der samiotische Wein und der Oúso, der sogar als einer der besten in ganz Griechenland gilt.
Des weiteren liefert Sámos ein hervorragendes Olivenöl und natürlich die Schnapsspezialität Suma.

Essen und Trinken

Lederwaren und Gesticktes werden größtenteils importiert, hier ist es äußerst schwierig, noch original samiotische Produkte zu erstehen.
Die Selbstversorgung mit Artikeln des täglichen Bedarfs ist auf Sámos ausgesprochen gut, auf den Märkten wird immer viel frisches Obst und Gemüse angeboten.
Die Einkaufsmöglichkeiten auf Ikaría sind dagegen nicht besonders vielfältig, Geschäfte mit touristischen Artikeln haben hier noch Seltenheitswert. Gut jedoch sind auch hier die Einkaufsmöglichkeiten für den täglichen Bedarf. Ikaría ist eine stark bäuerlich geprägte Insel, wo noch der größte Teil der landwirtschaftlichen Produkte selbst produziert wird. Insofern dürfte man auch hier als Urlauber keinen Mangel leiden.

Einreise →*Dokumente, Zoll*
Ephesos/Türkei (Ausflug) →*Kuşadasi*

Ermäßigungen

Kinder und Inhaber eines internationalen Studentenausweises erhalten in der Regel Ermäßigungen auf den normalen Eintrittspreis in Museen und archäologischen Stätten in Höhe von 50 %.
Auch auf den innergriechischen Fluglinien der Olympic-Airways werden normalerweise Ermäßigungen gewährt. Auskünfte erteilt hier das Olympic-Büro auf Sámos (→*dort*).
→*Olympic-Airways*

Essen und Trinken

Speisen
Die griechische Küche ist eine stark bäuerlich geprägte Küche, einfach und ohne große Rafinessen. Was man allerdings hierzulande in den griechischen Restaurants als griechische Küche angeboten bekommt, hat meist nur noch im entferntesten etwas mit der Zubereitung einer original griechischen Speise zu tun.
In der Regel wird in Griechenland recht viel Olivenöl (manchmal auch zuviel) beim Kochen verwendet.
Aber auch in Griechenland hat sich die Küche im Zuge der touristischen Intensivierung gewandelt. In vielen Tavernen, dies gilt besonders für Sámos,

hat sich die Kochkunst schon allzusehr an den Geschmacksgewohnheiten der Mitteleuropäer orientiert. Alle Gerichte werden einheitlich gewürzt, bekommen nur ein anderes Aussehen.

Natürlich gibt es auch noch Tavernen, in denen man wirklich ausgezeichnete griechische Gerichte bekommt, doch leider werden diese immer weiter zurückgedrängt. Hier wird man auf Ikaría wahrscheinlich eher fündig als auf Sámos (→*gute Tips gibt es bei den jeweiligen Ortschaften*). In einer einfachen ländlichen Taverne darf man sich als Gast auch noch selbst in der Küche umschauen, in die Töpfe gucken und sich sein Essen dort aussuchen.

Normalerweise ist das Essensangebot solcher einfachen Tavernen bescheiden, viele Gerichte bereithalten erfordert auch einen höheren Aufwand. In der Regel beschränkt es sich auf Grillgerichte (*Souvlaki, Koteletts* etc.), *Pommes Frites* (die leider nur noch ganz selten aus frischen Kartoffeln selbst hergestellt werden) und natürlich auf den obligatorischen *griechischen Salat*, der fast immer aus Gurken, Tomaten, Oliven, Zwiebeln und Schafskäse besteht. Hier gibt es je nach Region aber noch zusätzliche unterschiedliche Zutaten, so daß dieser einfache Salat unglaubliche Geschmacksvariationen erfährt. Wird er mit Schafskäse serviert, bezeichnet man ihn auch als Bauernsalat, als ,,Saláta Choriátiki''. Zusammen mit Brot bildet solch ein Salat schon eine kleine Mahlzeit für sich, gerade mittags gegessen belastet er auch nicht allzusehr den Magen.

Fast überall erhält man auch ein *Omelett*, das nur aus Eiern oder auch mit Kartoffeln, Tomaten und Käse zubereitet wird. Wer sich solch ein Omelett zum Frühstück bestellt, beginnt den Tag wahrhaft königlich, denn man wird satt bis zum frühen Nachmittag.

Fisch zu bekommen ist ein großes Problem für Griechenland und auch für die Inseln. In den einfachen Tavernen steht er fast nie auf der Speisekarte, es sei denn, der Besitzer hat direkte Beziehungen zu einem Fischer. Der Grund: fast die gesamte Ägäis und das östliche Mittelmeer sind leergefischt, der jahrelange Raubbau in den Gewässern trägt seine Früchte, Fisch gehört mittlerweile zu den teuersten Gerichten in den griechischen Lokalen überhaupt. Sámos muß große Mengen von Fisch importieren, teilweise sogar aus Frankreich, Spanien und Japan!

Zu beachten ist, daß sich die Fischpreise im Restaurant nie auf die Portion, sondern immer aus das Kilogramm Fisch beziehen. Haben Sie sich einen Fisch ausgesucht, wird er in der Regel vor Ihren Augen gewogen, so daß man schon vorher weiß, wieviel man hinterher für das Gericht bezahlen muß.

Ob gegrillt, gebraten oder gekocht, in griechischen Restaurants zubereiteter Fisch ist eigentlich immer vorzüglich zu genießen. Nicht immer sind die teu-

Essen und Trinken

ersten Fische die besten (z. B. die ,,Barbúnia", eine rötlich gefärbte Meerbarbe), auch die billigen Sorten sind meist sehr schmackhaft.
Eine größere Auswahl bei den Speisen als die einfachen ländlichen Tavernen haben die ,,Estiatória", Restaurants, die im Gegensatz zu den einfachen Tavernen auch noch zusätzlich zu den Grillgerichten eine größere Anzahl fertig vorbereiteter Gerichte in Wärmetheken bereithalten. Bei diesen Gerichten handelt es sich vielfach um *Aufläufe* oder *Gemüsegerichte*, fleischlos oder mit Fleisch zubereitet. Die bekanntesten sind sicherlich das ,,Pastítsio" — ein Makkaroniauflauf mit Hackfleisch oder das ,,Moussaká" — ein Kartoffel/Hackfleisch/Auberginenauflauf. Die reinen Gemüsegerichte sind zudem auch immer recht preiswert.
Richtig heiß oder warm sind diese Gerichte allerdings nur mittags, am Nachmittag oder Abend meist nur noch lauwarm. Dies entspricht durchaus den griechischen Eßgewohnheiten, denn es wird oft behauptet, daß sich die Gewürze nur dann voll entfalten können, wenn das Essen lauwarm ist. Der wahre Grund ist aber wohl der, daß früher die meisten Tavernen und Haushalte keinen eigenen Ofen besaßen und so die Gerichte beim Bäcker gegart wurden. Wenn sie dann über die Straße nach Hause oder in die Taverne getragen wurden, kamen sie dort nur noch lauwarm an — kein Wunder.
Wenn Sie sich wirklich warmes Essen wünschen, dann scheuen Sie sich nicht davor zu fragen, ob das Essen noch heiß (,,sésti") sei.
Überall wo sich der Tourismus ausbreitet, verändert sich auch sehr schnell das Angebot der Gastronomie, man stellt sich auf die Wünsche der Urlauber ein. Verstärkt ist dies auf Sámos, in Ansätzen auch auf Ikaría zu beobachten. So entstehen Pizzerien, Schnellimbisse und Gyros-Pitta-Buden — Konzessionen an die Eßgewohnheiten der Urlauber.

Getränke
Wer schon einmal in Griechenland gewesen ist, wird feststellen, daß das Nationalgetränk der Griechen nach wie vor nicht Wein oder Bier, sondern *Wasser* ist.
Noch wird überall dort, wo in den Tavernen und Kafenía auch Einheimische verkehren, stets ein gut gekühltes Glas Wasser ohne Aufforderung dazu gereicht, es ist eigentlich immer ohne Bedenken trinkbar.
Zum Essen selbst gehört in jedem Fall ein *Wein* dazu. Sámos bietet eine ausgezeichnete Palette von Weinen an, die auch weit über die Grenzen von Griechenland hinaus bekannt geworden sind (→*Wein*).
Neben den üblichen Tischweinen gibt es natürlich den *Retsína*, einen geharzten Tischwein, der zwar nicht jedermanns Geschmack ist, doch hat man sich erst einmal an das eigenartige Aroma gewöhnt, kommt man von ihm nicht mehr

los. Übrigens ist der Retsína ein äußerst bekömmlicher und gut verträglicher Wein.

Beim *Oúso* sollte man darauf achten, daß er immer gut mit Wasser verdünnt wird oder daß man Kleinigkeiten nebenbei ißt, sonst gibt es am nächsten Morgen ein böses Erwachen. Diese kleinen Imbißhäppchen (sogenannte ,,Mezédes") wurden früher immer und überall zum Oúso gereicht, meist bestanden sie aus ein paar Nüssen, Oliven oder Gurkenstückchen, an der Küste auch oft aus ein paar Stückchen gegrilltem Oktopus. Doch diese nette Geste ist in den Touristenorten fast völlig verschwunden, denn die meisten Touristen trinken den Oúso auch so.

Das *Bier* ist auf dem besten Wege, den Wein als Tischgetränk zu verdrängen, etliche Biersorten werden in Griechenland mittlerweile in Lizenz gebraut, das Ergebnis kann sich durchaus sehen lassen (z. B. Amstel, Henninger, Löwenbräu, Heineken). Es hat in der Regel etwas weniger Alkoholgehalt als bei uns, kann also gut als Durstlöscher eingesetzt werden, ist jedoch für griechische Verhältnisse recht teuer (im Vergleich zum Wein).

Der griechische *Kaffee* ist berühmt und wird in unzähligen Variationen zubereitet. Auf jeden Fall wird dazu stets ein Glas mit frischem Wasser gereicht. Die drei üblichsten Versionen sind: ,,skéto" = ohne Zucker, ,,métrio" = mittelsüß (entspricht am ehesten unseren Geschmacksgewohnheiten) und ,,glikó" = sehr süß. Schwarz ist der griechische Kaffee immer. Wer sich jedoch nicht mit dem griechischen Kaffee anfreunden kann, bekommt überall auch Nescafé serviert, man kann ihn auch kalt zubereiten, dann heißt er ,,Frappé" und löscht ausgezeichnet den Durst.

Im Lokal

Wie verhält man sich nun als Gast in einem griechischen Lokal?

Wenn man sich in einem stark von Urlaubern frequentierten Lokal befindet, wird man wahrscheinlich genauso am Tisch bedient wie bei uns. In den etwas einfacheren Tavernen begibt man sich am besten direkt in die Küche, wenn man nicht schon dorthin gebeten wurde. Dort kann man sich an Ort und Stelle das Essen aussuchen und die einzelnen Portionen zusammenstellen. Aber beachten Sie, Sie bekommen von jedem Gericht, das Sie sich ausgesucht haben, auch von den Beilagen, stets eine ganze Portion serviert. Außerdem kommen alle Teller gleichzeitig, wem das zuviel ist, der sollte lieber im Laufe des Essens etwas nachbestellen, das ist in griechischen Lokalen auch vielfach üblich.

Auf jeden Fall hat es wenig Sinn, sich dem rätselhaften Studium der Speisekarten hinzugeben, sofern überhaupt welche existieren.

Die Trinkgeldsitten entsprechen den deutschen, wenn es geschmeckt hat, lassen Sie ruhig etwas Trinkgeld auf dem Tisch liegen. Aber auch sonst sollte man nicht den ,,Mikrós'' vergessen (meist ist es ein Kind, manchmal auch ein Erwachsener, der Besteck und Brot bringt und hinterher den Tisch wieder abräumt), für ihn ist das kleine Trinkgeld auf dem Tisch oft die einzige Einnahmequelle, vor allem bei Kindern, denn leider ist Kinderarbeit in griechischen Lokalen meist noch an der Tagesordnung.
Tips: Wirklich empfehlenswerte Lokale sind bei den jeweiligen Orten angegeben.
Unbedingt probieren sollte man den *Sumá*, einen samiotischen Tresterschnaps, der eine Spezialität der Insel Sámos darstellt. Aber Vorsicht: Er ist hochprozentig.

Evdilos (Ikaría)

Mit gut 1000 Einwohnern ist Evdilos der bedeutendste Ort der Nordküste von Ikaría und verfügt zugleich über deren einzigen Hafen.
Evdilos, das sich inzwischen auch auf Tourismus eingestellt hat, verbreitet irgendwie eine melancholische Stimmung. Zwar lassen sich auf einem Streifzug durch den Ort einige recht schöne Gassen mit teilweise noch alten Häusern entdecken, doch viele Häuser drohen zu verfallen. Rund um den Hafen befinden sich einige Kafenía und Tavernen, die zentrale Platía wird von einem recht heruntergekommenen Ikarus-Denkmal geziert.
Ansonsten hat der Ort wenig an Abwechslung und Sehenswürdigkeiten zu bieten, besitzt auch nicht genug Atmosphäre, um sich hier länger aufzuhalten. So wird Evdilos von den meisten Urlaubern nur als Durchreiseziel zu den Stränden bei Armenistís (→*dort*) benutzt, nur die wenigsten bleiben länger. Lohnenswert sind von hier aus auch Ausflüge zum Dorf Kámpos (→*dort*), das sich auf dem Gebiet der alten Inselhauptstadt Oinói befindet, und zum in den Bergen oberhalb von Kámpos versteckten Kloster Theoktísti (→*dort*).

Evdilos / **Praktische Informationen**
Im Ort befinden sich Post, OTE, Bank, Geschäfte und ein Arzt.
Bademöglichkeiten: Direkt in Evdilos sind Bademöglichkeiten nicht gegeben, außerhalb des Ortes gibt es meist auch nur recht steinige Buchten, lediglich bei Kámpos in westlicher Richtung befindet sich ein Sandstrand.
Essen und Trinken: In den Tavernen um den Hafen bekommt man gute griechische Gerichte zu recht günstigen Preisen.

Unterkunft
Im Ort steht ein kleineres Hotel, das „Evdoxia", DZ ca. 30 DM, Tel. 02 75/ 3 15 02, zudem werden auch noch einige Privatzimmer vermietet. Bei der Zimmervermittlung hilft die Touristenpolizei, Tel. 02 75/3 12 22.
Verkehrsverbindungen: Evdilos hat 3 x wöchentlich *Fährverbindungen* sowohl mit Sámos als auch mit Piräus, genauere Informationen und auch Tickets erhält man im Fährbüro am Hafen.
Linienbusverbindung mit Ágios Kírykos besteht 1-2 x täglich, ebenso mit Armenistís im Westen (Preis nach Ágios Kírykos ca. 5 DM). In Evdilos gibt es einige *Taxen*, die den Urlauber gerne zu den Stränden weiter westlich des Ortes bringen.

Fähren →*Anreise, Verkehrsverbindungen, Reisen auf und zwischen den Inseln*

Fanári (Ikaría)

Am östlichen Kap Fanári befand sich auf Ikaría die antike Stadt Drákanon, von der allerdings nur noch wenige Ruinen erhalten sind. Die spärlichen Überreste stammen vermutlich alle aus dem 5. Jh. v. Chr. Lediglich ein hellenistischer Wachturm aus dem 3. Jh. v. Chr. ist noch bemerkenswert gut erhalten. Der 12 m hohe Turm ist ein imposantes Beispiel der damaligen Baukunst, errichtet an einer äußerst wichtigen strategischen Stelle. Nur noch wenige Wachtürme im ägäischen Raum sind so gut erhalten wie dieser. Benutzt wurde der Turm vermutlich bis ins späte Mittelalter hinein, beschädigt wurde er erst während der griechischen Befreiungskämpfe.
Die Gegend um das Kap Fanári ist recht unwirtlich, der Wind bläst hier besonders heftig, nur Macchia (Sträucher, Gebüsch) und niedrige Oleanderbüsche können sich halten.
Das Kap mit dem Wachturm ist nur auf einer ausgedehnten Wanderung zu erreichen. Ausgangspunkt ist das kleine Dorf Perdíki (→*dort*) an der Hauptstraße nach Evdilos fast genau auf Paßhöhe gelegen. Für diese Wanderung durch menschenleeres Gebiet sollte man einen Tag einplanen.

Feiertage und Feste

Jeder Tag des orthodoxen Kirchenjahres ist mindestens einem Heiligen gewidmet. An diesem Tag feiert jeder Grieche, der den entsprechenden Namen

Feiertage und Feste

trägt, seinen Namenstag, der hier die gleiche Bedeutung hat wie in unseren Breiten der Geburtstag. Darüber hinaus begehen alle Ortschaften die Namenstage der Heiligen, denen beispielsweise die Dorfkirche oder irgendeine andere kleine Kapelle geweiht ist. Da diese Feiertage auf beiden Inseln jedoch nur regional begrenzt sind, werden hier nur die wichtigsten genannt.

Neben den kirchlichen Feiertagen gibt es noch einige weltliche, die sich aus der Geschichte der Inseln begründen. (Die mit * gekennzeichneten Feiertage werden speziell auf Sámos bzw. Ikaría gefeiert, alle anderen in ganz Griechenland).

1. Januar — Protochroniá (Neujahr). Die Silvesternacht nimmt in Griechenland die Stellung ein, die der Heiligabend bei uns hat. Dann werden Geschenke verteilt, und man verbringt die Nacht im Familienkreis. Um Mitternacht wird der Neujahrskuchen verteilt, in den eine Münze eingebacken wird, die dem Finder im kommenden Jahr Glück bringen soll.

6. Januar — Agía Theophánia. Vor allem in den Küstenorten werden Messen zur Feier der Taufe Christi gelesen. Höhepunkt: der Priester wirft ein Kreuz ins Meer, junge Männer tauchen danach, um es wieder heraus zu holen (sicherheitshalber hängt das Kreuz heute an einem Nylonfaden!).

25. März — Am 25. März 1821 begann der Aufstand gegen die Jahrhunderte dauernde türkische Fremdherrschaft. Dieser Tag wird mit Kranzniederlegungen und Ansprachen gefeiert. Es handelt sich dabei um einen der beiden großen griechischen Nationalfeiertage.

Das Osterfest beginnt mit der Karwoche (Megáli Evdomáda) am Palmsonntag. Es ist das höchste kirchliche orthodoxe Fest und sicherlich eines der größten Ereignisse in Griechenland überhaupt. 1990 fielen das deutsche und das griechische Osterfest auf ein und denselben Termin, was nicht notwendig der Fall ist (→Religion). In der Karwoche werden die Kirchen und Haustüren mit Zweigen und Palmblättergeflechten geschmückt. Am Karfreitag wird dann fast überall Christi Grablegung in einer feierlichen Prozession nachvollzogen.

Die Messe in der Nacht zum Ostersonntag findet um Mitternacht ihren Höhepunkt mit dem Ruf des Priesters: ,,Christus ist auferstanden'', dem die Gemeinde antwortet ,,Er ist wahrhaftig auferstanden'' (Christós anésti'' — ''Alithós anésti'').

Nach der Messe ist die Fastenzeit beendet, schon in der Nacht setzt man sich an die gemeinsame Tafel, überall werden Osterlämmer gebraten.

1. Mai — wird ebenfalls überall mit Ausflügen ins Grüne gefeiert. Blumen und Kränze werden über die Haustüren gehängt.

24. Juni — hier wird ebenso wie in vielen Ländern Mittel- und Nordeuropas mit Feuern die Sommersonnenwende gefeiert.

* 20. Juli — Fest im Kloster Proph. Ilias bei Karlóbasi (Sámos).
* 26. Juli — Fest in Xylosýrtis (Ikaría).
* 27. Juli — Fest des Ágios Panteleímon in Kokkári (Sámos) und in Ágios Panteleímon (Ikaría).
* 6. August — dies ist eigentlich *der* Nationalfeiertag auf Sámos zur Erinnerung an den Tag der Befreiung am 6.8.1824. Das Fest wird auf der ganzen Insel gefeiert, es wird besonders gut gegessen und getrunken.

15. August — Mariä Entschlafung. Dieses Fest wird sowohl in ganz Griechenland als auch auf Sámos und Ikaría überall feierlich begangen.
* 18. August bis 5. September — wird auf Sámos von der Griechischen Zentrale für Fremdenverkehr ein Weinfest veranstaltet.

28. Oktober — ist der sogenannte ,,Ochi-Tag", er wird im Gedenken an das ,,Nein" (,,Ochi") der griechischen Regierung zu Mussolinis Ultimatum (1940), sich zu ergeben, gefeiert. Er ist der zweite bedeutende offizielle Nationalfeiertag der Griechen.
* 6. Dezember — an diesem Tag wird in vielen Orten auf den beiden Inseln das Fest des Ág. Nikólaos begangen.

Weihnachten ist ebenso wie Ostern ein wichtiges Kirchenfest, Geschenke gibt es jedoch erst in der Neujahrsnacht. Der 24. Dezember wird nicht besonders gefeiert. Die Kinder ziehen von Haus zu Haus und singen die ,,Kálanda" (Lieder zur Ankündigung der Geburt Christi), verbunden mit guten Wünschen, wofür sie dann eine kleine Belohnung bekommen. Der eigentliche Familienfeiertag ist der 25. Dezember. Auch in Griechenland hat mittlerweile der Weihnachtsbaum Einzug gehalten, wenngleich er meist aus Plastik ist (dies kann man zwar mit zwiespältigen Gefühlen sehen, es ist aber vor dem Hintergrund des kargen griechischen Baumbestandes positiv zu werten).

Zu beachten ist, daß sämtliche Feste regional außerdem sehr unterschiedlich gefeiert werden können. Hinzu kommen noch die unzähligen kleineren kirchlichen Panagíria (Feste), die auf den Inseln meist nur eine regionale Bedeutung haben, aber trotzdem sehr reizvoll sein können.

Von den wenigen rein weltlichen Festen abgesehen, haben die meisten Feste einen religiösen Ursprung.

Ferienwohnungen →*Unterkunft*

FKK

Wie in ganz Griechenland (bis auf wenige Ausnahmen), so ist auch auf Sámos und Ikaría FKK verboten. Zwar wird inzwischen an fast allen Badesträn-

Lange Strände und versteckte idyllische Buchten : Sámos hat für jeden Geschmack etwas zu bieten

den der Inseln „oben ohne" gebadet, doch sollte dies nur auf die Strandabschnitte in unmittelbarer Hotelnähe beschränkt bleiben. Es gibt nämlich viele Badestrände auf den Inseln, die überwiegend von griechischen Familien mit Kindern besucht werden. Wenn man sich vor Augen hält, daß man nur Gast im Land ist und sich mit der Moral der griechischen Kirche ein wenig auseinandersetzt, dann sollte man aus Rücksicht auf die Sitten und das Anstandsgefühl des Gastlandes „oben ohne" unterlassen. Vor allem im westlichen Bereich von Sámos und fast überall auf Ikaría gibt es genügend einsame Buchten, wo sich niemand an FKK stören wird.

Flug →*Anreise, Verkehrsverbindungen*

Fotografie

Auf Sámos sind Foto- und Filmmaterial in fast jedem Ort erhältlich, jedoch wesentlich teurer als hierzulande. Auf Ikaría ist das Versorgungsangebot schon schwieriger, lediglich auf Ágios Kírykos und Evdilos kann man problemlos Filme bekommen.

Am besten, man deckt sich vor der Reise mit genügend Fotomaterial ein, denn etliche Filme, die es dort zu kaufen gibt, sind überlagert. Deshalb sollte man genauestens auf das Verfallsdatum achten.

Die besten Tageszeiten zum Fotografieren sind der Vormittag und der späte Nachmittag. In der Mittagszeit sollte wegen der starken Sonneneinstrahlung und der Gefahr von Blaustich nur mit UV-Filter fotografiert werden.

In der Regel haben die Einheimischen nichts dagegen, fotografiert zu werden, doch sollte man einfühlsam vorgehen und nicht wie wild drauflos fotografieren. Ein leichtes Lächeln oder eine fragende Geste können schon manchmal Wunder wirken. Nicht fotografiert werden dürfen militärische Einrichtungen und Gebiete, die durch ein Fotografierverbot gekennzeichnet sind (rotumrandetes Schild mit einer durchgestrichenen Kamera).

Gerade auf Sámos kann es häufig vorkommen, daß man auf solch ein Fotografierverbot trifft, denn es ist recht viel Militär auf der Insel stationiert.

Videocassetten für Ihren Camcorder (vor allem VHS-C und Video 8) sollten Sie in ausreichender Anzahl mitbringen, sie sind auf beiden Inseln so gut wie gar nicht zu erhalten.

In Museen wird manchmal für Video-Kameras ein deftiger Aufschlag auf den Eintrittspreis erhoben, Sie sollten sich vorher danach erkundigen.

Foúrnoi-Inseln (Ausflug)

Fast exakt auf halber Strecke zwischen Sámos und Ikaría liegt eine Gruppe mehrerer größerer und kleinerer Inseln mit insgesamt 30 qkm Fläche: die Foúrnoi-Inseln, zu denen die Hauptinsel Foúrnoi, die Inseln Ágios Minás und Thýmaina gehören.

Die sehr stark zerklüfteten Inseln werden von ca. 1300 Einwohnern bewohnt, überwiegend von Fischern. Sie gehören fast noch immer zum touristischen Niemandsland und verfügen nicht einmal über ein Straßennetz, es gibt nur einige Versorgungsfahrzeuge.

Dafür weisen die Inseln aber wunderschöne einsame Buchten und Strände auf und sind ein ideales Ziel für Leute, die ihren Urlaub gerne in Einsamkeit und Naturnähe und mit Kontakt zur Bevölkerung verbringen möchten.

Aufgrund der stark zerklüfteten Küstenlinie waren die Inseln auch im Mittelalter ein beliebtes Ziel — sie boten hervorragende Verstecke für die Seeräuber, die damals im gesamten östlichen Mittelmeer ihr Unwesen trieben.

Die einzige wichtige Ortschaft der Inseln ist das gleichnamige Foúrnoi, in dem fast alle Einwohner leben. Es ist ein schönes buntes Inselstädtchen. Durch den fehlenden Autoverkehr herrscht hier eine wohltuende Ruhe. An der Hafenpromenade breiten die Fischer ihre Netze aus, im Wasser liegen die bunten Kaika (kleine Boote) vor Anker.

Mittelpunkt des Ortes ist die Platía mit der angrenzenden Nikolauskirche. Ansonsten bietet der Ort keine weiteren architektonischen Sehenswürdigkeiten, dafür aber noch sehr viel unverfälschtes griechisches Leben.

Foúrnoi-Inseln / **Praktische Informationen**

Im Ort gibt es Post und OTE sowie einen Arzt. Geldumtausch ist in der Post möglich.

Bademöglichkeiten: Bademöglichkeiten bietet die Kamaría-Bucht oder eine von den vielen kleineren Buchten, die auf den Inseln verstreut sind. Eventuell fährt auch ein Kaiki zu einer besonders schönen Bucht, erkundigen Sie sich bitte am Hafen.

Essen und Trinken: Es gibt im Ort mehrere Kafenía und Tavernen, die noch ungemein günstigen und äußerst frischen Fisch anbieten.

Unterkunft
Für Unterkünfte stehen zwei einfache Pensionen und mehrere Privatzimmer zur Verfügung, die Zimmervermieter kommen bei Ankunft eines Schiffes zum Hafen. Die Preise liegen für ein DZ zwischen 15 und 30 DM.

Verkehrsverbindungen: Die Verkehrsverbindungen innerhalb der Inselgruppe erfolgen mit dem Kaiki zu den anderen kleinen Ansiedlungen.

Mit Karlóbasi auf Sámos hat Foúrnoi 2 x wöchentlich Schiffsverbindung (meist Montag und Donnerstag), die Überfahrt dauert ca. 2 Stunden und kostet etwa 13 DM.

Mit Ágios Kírykos auf Ikaría hat Foúrnoi 4 x wöchentlich Schiffsverbindung (meist Mo, Mi, Fr, So), Dauer der Überfahrt ca. eine Stunde, Preis etwa 10 DM.

Zusätzlich besitzt Foúrnoi im Sommer 1 x wöchentlich eine direkte Schiffsverbindung mit Piräus, Dauer der Überfahrt ca. 12 Stunden. (Die Fähre läuft auch Ikaría und Sámos an.)

Führerschein →Dokumente

Geld und Devisen

Die Einfuhr griechischer Währung nach Griechenland ist auf 25 000 Drachmen (100 Drachmen = 1,14 DM, Juli 1990) pro Person beschränkt. Aber es empfiehlt sich ohnehin, sein Geld in Griechenland umzutauschen, denn die Wechselkurse sind dort bedeutend günstiger als bei uns. So sollte man nur einen sehr geringen Betrag schon hier einwechseln, damit man einen Notgroschen (Notdrachmen) in der Tasche hat.

5000 Drachmen-Scheine dürfen weder ein- noch ausgeführt werden. Ausländische Währungen dürfen dagegen in beliebiger Menge ein- und ausgeführt werden, doch sollte man Beträge über 1000 $ bei der Einreise deklarieren, damit man bei der Ausreise keine Schwierigkeiten bekommt.

Die Inflation in Griechenland schreitet recht schnell voran: 1988 war die DM ca. 75 Drachmen wert, 1989 waren es schon über 85 Drachmen und 1990 bereits 95 Drachmen. Diese Inflation fängt für den Touristen die ebenfalls galoppierende Preissteigerung zum Teil wieder auf, die Einheimischen leiden hingegen sehr stark unter der Geldentwertung.

Die Inflation erklärt auch des griechischen Normalbürgers Interesse an harten Devisen, wie der DM oder dem US-$. Man kann fast überall privat Geld wechseln zu den offiziellen Kursen, doch bekommt man bei der Ausreise evtl. Schwierigkeiten, wenn man keine offiziellen Umtauschquittungen der Banken vorlegen kann. Diese Quittungen sollte man auf jeden Fall aufbewahren. Die Banken sind in der Regel nur vormittags zwischen 8-13.30 Uhr geöffnet.

Farbenfrohes Sámos: grün bewaldete Berghänge, blaues Meer und bunte Fischerboote ▶

In wenigen Ausnahmefällen öffnen sie noch einmal nachmittags, ausschließlich zum Wechseln.

Reiseschecks kann man nur in Banken oder einigen bestimmten Reiseagenturen einwechseln, ihr Kurs ist etwas günstiger als der des Bargeldes.

Auch Euroschecks werden meist nur von Banken, Wechselstuben, Reiseagenturen und größeren Hotels akzeptiert. Neben der Scheckkarte muß in der Regel auch der Personalausweis bzw. der Reisepaß vorgelegt werden. Nur in ganz seltenen Fällen kann man mit Euroschecks auch in Geschäften bezahlen. Sie müssen grundsätzlich in Drachmen ausgestellt werden, die Höchstsumme pro Scheck beträgt 1990 30 000 Drachmen, das sind ca. 320 DM.

Anders sieht es da mit den Kreditkarten aus, sie werden in fast allen Geschäften der Touristikzentren akzeptiert. Am meisten verbreitet sind American Express und Eurocard, aber auch Diner's Club und Visa.

Telegrafische Geldüberweisungen sind auf jedes griechische Postamt möglich (Höchstsumme 7000 DM pro Überweisung), Abhebungen mit dem Postsparbuch sind in Griechenland allerdings nicht möglich. In kleineren Orten oder auch auf abgelegeneren Inseln gibt es oft gar keine Banken, dort wechseln dann auch die Postämter Bargeld und Schecks ein.

Geographie

Sámos

Durch eine nur 2 km breite Meerenge wird Sámos vom kleinasiatischen Festland getrennt, mit dem es noch vor der letzten Eiszeit verbunden war.

Auf der 476 qkm großen Insel befinden sich mit die höchsten Berge der gesamten Ägäis, der Karvoúni mit 1153 m Höhe, der Zéstani mit 1195 m Höhe, der Zovrachiá mit 1039 m Höhe und der Vígla mit 1433 m Höhe.

So ist Sámos eine sehr gebirgige Insel, besitzt aber auch vor allem im östlichen Teil flachere Ebenen und immer wieder Täler.

Es existiert eine ausgesprochene Vielfalt in der Morphologie des Bodens: kleine Ebenen wechseln mit gebirgigen Gebieten, die oft in recht sanfte Küstenformen auslaufen und so ein harmonisches Landschaftsbild bieten, das geprägt ist von einer sehr reichen Vegetation.

Typisch für die Vegetation der Insel sind neben den vielen Weinstöcken die Oliven-, Orangen- und Feigenbäume und natürlich die vielen Wälder.

Landschaftlich bietet Sámos sehr viel Abwechslung, eignet sich hervorragend für ausgedehnte Wanderungen und Bergtouren, aber auch für Badefreuden.

Ikaría
Auch die westlich von Sámos gelegene Insel Ikaría ist eine äußerst gebirgige Insel, die höchste Erhebung ist der Athéras mit 1037 m Höhe. Vor allem von Süden her steigt die Insel äußerst steil an, hier ist die felsige Küstenlinie nur von wenigen unscheinbaren Buchten durchsetzt, auch der Haupthafen Ágios Kírykos ist ein recht ungeschützter Hafen und den Südwinden ausgesetzt. Die Nordküste der Insel fällt etwas flacher ab und ist auch von vielen Buchten bestimmt, hier befinden sich außerdem die wichtigsten Strände der Insel.
Ikaría besitzt keine nennenswerten Ebenen, die ganze Insel ist ein langer Bergrücken, der Boden ist reich an Schiefer und in manchen Gegenden auch an Marmor. An einigen Stellen treten schwach radioaktive Quellen zutage, die schon in der Antike als Heilquellen genutzt wurden. Typisch für Ikaría sind die vielen kleinen Dörfer, versteckt auf der Insel in der dichten grünen Vegetation, teilweise nur erreichbar über unbefestigte Wege oder mit dem Boot. Durch den enormen Wasserreichtum gedeihen auf der Insel zahlreiche landwirtschaftliche Produkte. Die Erträge sind recht gut.

Geschichte

Sámos
Weit geht die Geschichte von Sámos zurück, erste Siedlungsspuren auf der Insel lassen sich bis ins Jahr 3500 v. Chr. zurückverfolgen.
Zuerst wurde die Insel von den Karern und Lelegern aus Kleinasien besiedelt, danach trafen um etwa 1000 v. Chr. die ersten ionischen Kolonialisten ein. Sie gründeten auf der Insel das erste Heraheiligtum.
Zwischen dem 6. und 5. Jh. v. Chr. erlebte die Insel eine Blütezeit, gelangte zu Wohlstand durch Handel und Weinanbau und besaß eine mächtige Flotte. So wurde die Insel neben dem kleinasiatischen Milet zu jener Zeit das bedeutendste Kulturzentrum des östlichen Mittelmeeres. Seefahrer aus Sámos gelangten damals schon über das sogenannte Ende der Welt (Gibraltar) hinaus und brachten ungeheuren Reichtum mit.
Von 538 — 522 v. Chr. übernahm der Tyrann Polykrates die Herrschaft über die Insel, seine Flotte beherrschte das gesamte ägäische Meer. Nicht ganz uneigennützig zog der Tyrann alle damals bekannten Persönlichkeiten aus Kunst und Wissenschaft an seinen Hof, was zur Folge hatte, daß die Insel eine weitere künstlerische, kulturelle und wirtschaftliche Blüte erlebte.
Um 500 v. Chr. verlor Sámos während der Perserkriege seine Unabhängigkeit, geriet in Abhängigkeit von Athen und trat um 477 v. Chr. dem Attischen

Seebund als gleichberechtigtes Mitglied bei. Als die Samier 439 v. Chr. von Athen abfielen, rächten sich die Athener mit der Verwüstung der Insel.
Während des Peloponnesischen Krieges kämpfte die Insel wieder an der Seite Athens gegen Sparta und gehörte danach in wechselnden Abhängigkeiten zu den Reichen der Makedonier, der Ptolemäer und der Römer.
Während der römischen Besatzungszeit sollen sich auch um 32 v. Chr. Oktavian und Kleopatra auf der Insel aufgehalten haben. Die Insel diente den Römern als Stützpunkt für ihre Legionen auf dem Weg nach Kleinasien.
Danach versank die Insel wie so viele andere zu jener Zeit ebenfalls im Dunkel der Geschichte der ersten Jahrhunderte nach Christus.
Häufig wurde Sámos zu jener Zeit von Piraten heimgesucht. In byzantinischer Zeit war die Insel Sitz eines Verwaltungsbezirks und zugleich Flottenstützpunkt. Nach wechselnder Herrschaft (Byzanz, Franken, Venedig und Genua) fiel die Insel 1475 in den Besitz der Türken. Schon 1453 verlassen die Einwohner die Insel und suchen Schutz auf der benachbarten Insel Chíos. Sámos bleibt nahezu verlassen bis zur Mitte des 16. Jhs., als es dem türkischen Admiral Kilidsch Ali Pascha durch eine Reihe von administrativen Maßnahmen, wie Privilegien und religiösen Freiheiten, gelang, neue Bewohner anzuziehen und eine Wiederbesiedlung der Insel zu erreichen.
Die Zeit der Türkenherrschaft dauerte bis 1821. Am 18. April des Jahres wurde erstmals unter der Führung von Konstantin Lachanas die griechische Flagge der Revolution gehißt. Doch konnte die Insel noch nicht mit dem übrigen griechischen Mutterland vereinigt werden, vielmehr gewährten die Schutzmächte des neugriechischen Staates Frankreich, England und Rußland der Insel unter türkischer Führung eine Art von beschränkter Selbstverwaltung in Form eines dem Sultan tributpflichtigen Fürstentums.
1912 erhoben sich die Samier dann ein zweites Mal gegen die Fremdherrschaft unter der Führung von Themistoklís Sophoúlis. Nach erfolgreichem Aufstand trat die Insel dann endlich am 11. November 1912 dem neugriechischen Staat bei.
Noch einmal wurde sie im Zweiten Weltkrieg von Italienern und Deutschen besetzt, bis im Oktober 1944 die endgültige Befreiung kam.
Viele berühmte Männer hat Sámos hervorgebracht, die bedeutendsten seien deshalb hier noch einmal erwähnt:
- den berühmten samischen Seefahrer Kolaios, der als erster um 660 v. Chr. die Meerenge von Gibraltar passierte und somit die damals bekannten Grenzen der antiken Welt überschritt.
- Zur selben Zeit lebte der Dichter Kreophylos auf Sámos, der uns die berühmten Epen Homers überlieferte.

Ob am Tage oder bei Sonnenuntergang, die Verbindung von Gebirge bzw. Felsformationen und Meer fasziniert immer von neuem

- 580 v. Chr. wurde auf Sámos der berühmte Philosoph und Mathematiker Pythágoras geboren, der schon damals noch heute gültige Gesetze in der Mathematik aufstellte.
- den Tyrann Polykrates (→siehe oben).
- den samischen Baumeister Rhoikos, unter dessen Leitung der berühmte Hera-Tempel gebaut wurde (→Pythagóreion).
- Den Ingenieur Eupalinos von Mégara, der das berühmte Wasserversorgungssystem des antiken Sámos baute (→Pythagóreion).

Ikaría
Bekannt ist die Insel durch die berühmte Sage von Daidalos und Ikaros (→Mythologie), doch hat sie nichts mit der realen Geschichte der Insel zu tun.
Ungefähr Mitte des 8. Jhs. v. Chr. ließen sich auf Ikaría ionische Kolonisten aus Kleinasien nieder und gründeten die ersten Städte auf der Insel: Oinóe, Thérma und Drákanon.
Im 6. Jh. v. Chr. wurde die Insel von dem samiotischen Tyrann Polykrates unterworfen, aber schon während der Perserkriege um ca. 500 v. Chr. von den Persern erobert.
Im Peloponnesischen Krieg verbündete sich Ikaría mit Athen und wurde auch Mitglied im 1. Attischen Seebund.
Die Geschichte Ikarías während des 4. Jhs. v. Chr. liegt ziemlich im Dunkel, die Berichte sind nur spärlich. Es muß sogar davon ausgegangen werden, daß die Insel über mehrere Jahrhunderte unbewohnt geblieben ist und nur von Sámos aus als Weideinsel genutzt wurde.
Erst im 5. Jh. n. Chr. wird Ikaría wieder in Aufzeichnungen erwähnt. Es war zu dieser Zeit Bischofssitz. In der byzantinischen Epoche diente die Insel als beliebter Verbannungsort für unliebsame Mitglieder der damaligen kaiserlichen Familien, die Insel gehörte zum Verwaltungsthema der Ägäis.
Im Jahre 1191 kam die Insel als Lehen des byzantinischen Reiches an Venedig und wurde im Laufe der nächsten 150 Jahre von verschiedenen Familien regiert.
Von 1333 an war die Insel unter der Herrschaft von verschiedenen italienischen Familien, die auch die Insel Chíos beherrschten, und von Kreuzrittern des Ordens von Jerusalem.
1567 wurde Ikaría von den Türken erobert, ihre Herrschaft dauerte bis zum 17.7.1912, als sie von den Ikarioten verjagt wurden, die den ,,Freien Staat Ikaría'' ausriefen. An die 20 000 Kommunisten fanden später auf der Insel Zuflucht, seitdem trägt sie auch den Namen ,,Rote Insel''.
Die Geschichte von Ikaría ist teilweise bis heute noch nicht restlos erforscht, sie kommt immer nur bruchstückweise zutage.

Grüßen

Noch immer beherbergt die Insel viele verborgene Geheimnisse, die darauf warten, gelüftet zu werden.

Geschwindigkeitsbeschränkungen

Auf Sámos und Ikaría gelten die gleichen Geschwindigkeitsbeschränkungen wie auf dem Festland: 100 km/h für Pkw auf Schnellstraßen (wobei es auf beiden Inseln keine Schnellstraßen gibt), auf normalen Straßen 80 km/h, Motorräder 70 km/h. Innerhalb geschlossener Ortschaften 50 km/h, Motorräder 40 km/h. Doch sollte man vorsichtig sein, sowohl auf Sámos als auch auf Ikaría sind die Straßen äußerst kurvenreich, lediglich die Hauptverbindungen sind asphaltiert, aber auch eine gut ausgebaute Straße kann sich plötzlich in eine Schotterpiste verwandeln. Außerdem muß man vor allem im Bergland mit Steinschlag rechnen, deshalb sollte man lieber immer etwas langsamer fahren, dann sieht man auch mehr von der Landschaft.

Getränke →*Essen und Trinken*

Grüßen

Genauso wie bei uns, sollte das Grüßen auch im Gastland eine Selbstverständlichkeit sein. Darüber hinaus wird man feststellen, daß schon ein einzelner Gruß auf griechisch sehr freundlich und wohlwollend aufgenommen wird. Auch wenn man nicht die griechische Sprache beherrscht, so sollte man doch auf jeden Fall die Grüße lernen, gerade wenn man sich in Gebiete begibt, die noch nicht so sehr vom Tourismus vereinnahmt sind. Aber auch schon ein freundliches Lächeln oder ein leichtes Kopfnicken kann als Gruß empfunden werden und wird auch meist erwidert.

Mit einem ganz geringen Wortschatz kommt man über den Tag: ,,Kaliméra'' (,,Guten Morgen'') sagt man etwa bis zur Mittagszeit, ,,Kalispéra'' (,,Guten Tag'' oder ,,Guten Abend'') sagt man anschließend bis zum Abend, ,,Kalinichta'' (,,Gute Nacht'') benutzt man nur zur Schlafengehenszeit zum Abschied. Darüber hinaus kann man zu jeder Tageszeit mit ,,Jássu'' oder ,,Jássas'' grüßen, was in etwa dem deutschen ,,Hallo'' entspricht. ,,Jássu'' gebraucht man gegenüber einzelnen Personen, wenn man sie schon etwas besser kennt, ,,Jássas'' gegenüber mehreren Personen oder als Höflichkeitsform Fremden gegenüber.

→*Sprache*

Herbergen — privat →*Unterkunft*

Ikonen

Aufgrund der außerordentlich wichtigen gesellschaftspolitischen Stellung der griechisch-orthodoxen Kirche werden auch ihre Heiligenbilder, die Ikonen, stark verehrt und angebetet.

Keine Kirche oder Kapelle, kein Kloster in Griechenland und auch auf Sámos, wo es besonders viele Klöster gibt, und auf Ikaría ist vorstellbar ohne Ikone. Immer wieder werden die Ikonen in eine enge Beziehung zu den vielen Gründungslegenden der Kirchen und Klöster gesetzt, vergleichbar den Marienerscheinungen in der katholischen Kirche. Gerade auf den griechischen Inseln sind es stets die Fischer, die in den Gründungslegenden irgendwo am Strand eine angeschwemmte Ikone entdecken. Natürlich wurde dann an dieser Stelle eine kleine Kapelle errichtet. Jede Ikone hat ihre eigene Entstehungsgeschichte.

Für den orthodoxen Christen sind die Ikonen geweiht und heilig, viele versprechen sich von ihnen auch eine wundertätige Heilung. Die Ikonen sind ein fester Bestandteil der griechisch-orthodoxen Glaubenslehre, man läßt sie sogar an Leid oder Freud teilhaben bis hin zu Geldspenden, die an der Ikone befestigt werden.

Gerade in der vorösterlichen Zeit und während der Osterprozessionen selbst werden die Ikonen immer wieder durch die Dörfer getragen. Manchmal werden sie sogar an andere Kirchen ausgeliehen, es kommt sogar vor, daß sie per Schiff zu einer anderen Insel verfrachtet werden. Gelangt eine Ikone aus einer anderen Kirchengemeinde in ein Dorf, so gleicht ihre Ankunft einem Freudenfest, jeder Dorfbewohner möchte sie gerne ein Stückchen tragen. Vor allem in den kleineren Dörfern auf Sámos und Ikaría kann man dies oft beobachten.

War es für die Dorfbewohner ein besonders erfolgreiches Jahr, wird aus Freude darüber gespendet, war es kein gutes Jahr, wird in der Hoffnung gespendet, daß das nächste Jahr besser sein möge.

Die Ikonen wurden früher in der Regel mit Naturfarben auf Holz gemalt und dann mit hauchdünnem Silber oder auch mit Blattgold beschlagen.

Da die Maltechnik und der Stil weitgehend festgelegt sind und die Bildinhalte durch die Tradition bestimmt werden, unterscheiden sich die Ikonen vom Äußeren her manchmal nur sehr geringfügig. So gleichen sich Ikonen aus verschiedenen Jahrhunderten so sehr, daß der Laie kaum einen Unterschied feststellen kann.

Letzte beeindruckende Überreste des Hera-Tempels in der Nähe von Pythagóreion ▶

In den griechischen Kirchen und Klöstern ist die Ikone ein fester Bestandteil der Ikonostase, jener meist außergewöhnlich reich verzierten Wand, die den Kirchraum vom Altarraum trennt. Dabei sind die Ikonen oft in die Ikonostase eingearbeitet, ähnlich der Altarwand in den katholischen und evangelischen Kirchen. Manchmal werden sie aber auch aufgrund von Platzmangel einfach davor auf den Boden gestellt, an die Wand gehängt, ab und zu sogar auf einen Tisch gelegt. Aufgrund ihres meist recht hohen Alters und der wertvollen Materialien, aus denen die Ikonen hergestellt sind, sind sie außergewöhnliche Schätze von unvorstellbarem Wert.

Dies ist auch der Grund, weshalb man wahrscheinlich alle Kirchen und Klöster auf Sámos und Ikaría verschlossen vorfinden wird, eine Tatsache, die erst mit dem zunehmenden Tourismus notwendig wurde. Leider wurden in den früheren Jahren die damals meist noch offenen Kirchen häufiger dazu benutzt, eine kleine Ikone oder ein Stückchen der Ikonostase als Souvenir mitgehen zu lassen.

Impfungen

Besondere Impfungen sind für Griechenland nicht vorgeschrieben und auch nicht notwendig.
Tierimpfungen →*Dokumente*

Iraíon (Sámos)

Iraíon ist ein recht winziges, an der weiten Bucht von Pythagóreion gelegenes Dorf. Doch seine Nähe zu Pythagóreion und zu den schönen Stränden an der Bucht führte dazu, daß hier seit einigen Jahren fleißig gebaut wird. Es entstehen immer mehr Hotels und Pensionen, auch unweit des Ortes Richtung Pythagóreion. Vor allem in der Hauptsaison vervielfacht sich die Einwohnerzahl des kleinen Ortes.

Iraíon besitzt einen kleinen Fischerhafen, von dem aus die Fischer wirklich noch zum Fischen hinausfahren. So kann man in den Tavernen des Ortes tatsächlich frischen Fisch genießen, empfehlenswert ist hier besonders die direkt am Meer gelegene Taverne ,,Aigáion".

In unmittelbarer Nähe des Ortes befinden sich das Heraíon (Hera-Heiligtum) und einige recht schöne Strände, vor allem in Richtung Pythagóreion (→*dort*).

Iraíon / **Praktische Informationen**
Unterkunft
Unterkunftsmöglichkeiten bieten in unmittelbarer Nähe des Ortes die Hotels „Venetia", DZ ca. 45 DM, Tel. 02 73/6 11 95 und „Adamantia", DZ ca. 50 DM, Tel. 02 73/6 11 88 sowie zahlreiche kleinere Pensionen im Ort.
Verkehrsverbindung: Verkehrsverbindung besteht mit dem Linienbus nach Sámos-Stadt bis zu 7 x täglich, allerdings nur im Sommer.

Jugendherbergen →*Unterkunft*

Kafenío(n)

Das Kafenío ist ganz bestimmt *die* griechische Institution ersten Ranges. Griechenland mit seinen Dörfern, Städten und Inseln ohne Kafenía ist unvorstellbar. Kein griechisches Dorf ist intakt und vollständig ohne das Kafenío, und sei es noch so klein. Das Kafenío ist mehr als nur ein Kaffeehaus, es spiegelt im kleinen die Struktur der gesamten griechischen Gesellschaft wider, die immer noch überwiegend eine Männergesellschaft ist.
So ist auch die Gesellschaft des Kafeníos eine reine Männergesellschaft, man trifft sich hier, es wird leidenschaftlich Távli oder Karten gespielt und ausgiebig über die große Politik diskutiert (man möchte meinen, jeder Grieche sei ein verhinderter Philosoph). Natürlich wird auch der Dorftratsch weitergetragen oder auch einfach nur die Zeit totgeschlagen. Griechische Frauen trifft man zumindest in den kleineren Dörfern fast nie im Kafenío, in den Städten ist dies aber auch schon im Umbruch begriffen.
Gerade in den kleineren Dörfern oder auf den sehr abgelegenen Inseln ist das Kafenío auch gleichzeitig Lebensmittelgeschäft und Post in einem und für die alten Menschen der einzige Kommunikationspunkt im Ort. Hier können sie oft stundenlang sitzen, ohne eine Bestellung aufgeben zu müssen. Wer zum ersten Male ein Kafenío betritt, wird sich wahrscheinlich über die ausgesprochen ungemütliche und karge Ausstattung wundern. Mit den kahlen Wänden und den nackten Neonlichtern gleicht die Ausstattung eher einer Bahnhofswartehalle als einem gemütlichen Treffpunkt. Und doch wird man von der Atmosphäre, die dieser Ort ausstrahlt, so gefangen, daß man sich wünscht, diese Einrichtung möge der griechischen Gesellschaft noch möglichst lange erhalten bleiben.
Auf Ikaría kann man in den vielen kleineren Orten genügend solcher Kafenía finden, hier hat sich noch nicht viel verändert. Anders ist es auf Sámos,

besonders in den größeren Orten werden die alten Kafenía langsam aber sicher von den vielen Snack-Bars und Cafeterias mit ihrem leblosen Plastikinventar abgelöst. Hier wird es für die Einheimischen immer schwieriger, Treffpunkte zu finden, wo sie unter sich sein können.

Kalámi (Sámos)

Am östlichen Ufer der Bucht von Sámos-Stadt liegt nur 2 km nördlich der kleine Ort Kalámi. Das Gebiet um diesen Ort herum und bis Sámos-Stadt wird in den letzten Jahren zunehmend mit Hotels und Ferienwohnungen bebaut. Landschaftlich sogar recht schön gelegen, bieten diese Hotels jedoch lediglich den Vorteil der Nähe zu Sámos-Stadt, die kleinen Badebuchten hier sind nur von recht mäßiger Qualität und meist sehr steinig. Wer allerdings die Nähe zu Sámos-Stadt sucht, aber ruhiger wohnen möchte, dem sei dieser Ort empfohlen.

Kalámi / **Praktische Informationen**
Unterkunft
Hier eine kleine Auswahl der Hotels:
Hotel ,,Fenix", DZ ca. 45-50 DM, Tel. 02 73/2 82 04.
Hotel ,,Kirki Beach", DZ ca. 50 DM, Tel. 02 73/2 30 30.
Hotel ,,Myrini", DZ ca. 50 DM, Tel. 02 73/2 77 62.
Hotel ,,Panthea", DZ ca. 40 DM, Tel. 02 73/2 22 75.
Hotel ,,Andromeda", DZ ca. 50 DM, Tel. 02 73/2 29 25.
Hotel ,,Pythagoras", DZ ca. 40 DM, Tel. 02 73/2 84 22.

Kallithéa (Sámos)

Kallithéa ist ein kleines Dorf im äußersten Westen der Insel und nur auf recht schlechter Wegstrecke von Órmos Marathokámpou nach 15 km zu erreichen. Die Straße dorthin gewährt immer wieder wunderschöne Ausblicke hinunter auf die Westküste von Sámos und teilweise auch hinüber nach Ikaría.
Im Dorf gibt es einige Kafenía und ein paar kleine Geschäfte, Unterkünfte werden bisher noch nicht angeboten. Unterhalb von Kallithéa befindet sich eine kleine Badebucht mit einer sich in Hochbetrieb befindenden Schiffswerft. Die ehemalige kleine Klosterkirche Ágios Karalámpos im Ort enthält noch Fresken aus dem 14. Jh. Falls sie nicht geöffnet ist, fragt man am besten in einem der Kafenía nach dem Schlüssel.

▲ Überall hat man malerische Ausblicke aufs Meer
▼ Sámos und Ikaría bieten zahlreiche Gelegenheiten, an einsamen, beschaulichen Plätzen die Stille zu genießen

Schwer zugänglich ist oberhalb des Ortes in einem unwegsamen Gelände die kleine Höhlenkirche Panagía Makriní, die angeblich Wandmalereien aus dem 14. Jh. enthalten soll. Etwas südwestlich vom Ort befindet sich das in völliger Einsamkeit liegende Kloster Ágios Ioánnis, fragen Sie bitte im Ort nach, ob es besichtigt werden kann.
Es existiert 2 x täglich eine Linienbusverbindung mit Sámos-Stadt.

Kámpos (Ikaría)

Nur 2 km westlich von Evdilos liegt eingebettet in einer fruchtbaren Küstenlandschaft das kleine Dorf Kámpos. Die Menschen leben hier von der Landwirtschaft, der Weinanbau wird seit der Antike in diesem Gebiet besonders groß geschrieben. Die vielen Bauernhäuser sind noch weitgehend mit Schieferplatten gedeckt, da Ikaría über Schiefervorhaben verfügt. Wären nicht einige Häuserfassaden mit antiken Mauerfragmenten gespickt, würden die Besucher wohl kaum erraten, daß sich in der Nähe des Dorfes die Ruinen der antiken Stadt Oinói (was gleichbedeutend mit der alten griechischen Bezeichnung für ,,Wein'' ist) befinden. Dank des Weinanbaus muß es sich in der Antike um eine sehr wohlhabende Stadt gehandelt haben. Doch leider ist davon nicht mehr viel zu sehen, lediglich Reste einer Stadtmauer, ein paar Marmorfragmente und einige alte Inschriften sind erhalten geblieben. Während der byzantinischen Zeit wurden die Reste der Stadt Oinói überbaut von der Stadt Dolíchi, von der wiederum nur noch die Überreste einer Arkadenmauer existieren.

Sehenswert im Ort ist die kleine Kirche Agía Iríni, die im 11. Jh. auf den Resten einer frühchristlichen Basilika aus dem 7. Jh. errichtet worden ist. In ihrem Innern birgt die Kirche schöne Wandmalereien aus dem Jahre 1688 und eine interessante Priesterbank. Von der frühchristlichen Basilika sind noch Teile eines Mosaikbodens sichtbar.

Neben der Kirche steht ein kleines Dorfmuseum, in dem Ausgrabungen und Funde aus dem Gebiet um Kámpos zusammengetragen worden sind.

In Kámpos gibt es eine kleine Taverne und nur wenige private **Unterkunftsmöglichkeiten**. Badefans werden sich über den nahe beim Ort gelegenen Sandstrand freuen.

Der Ort hat 1-2 x täglich **Linienbusverbindung** mit Evdilos und Ágios Kírykos bzw. mit Armenistís.

Landschaftlich und von der Vegetation her ist die Gegend um Kámpos eine der schönsten der Insel, sie erinnert stark an eine mitteleuropäische Gebirgslandschaft. Sehr gut läßt sich von hier aus in einer 2-3stündigen Wanderung das idyllisch im Wald gelegene Kloster Theoktísti (→*dort*) erreichen.

Karkinágrio (Ikaría)

Karkinágrio ist ebenfalls eines der Dörfer an der Südküste, die nur mit den Kaiki (kleines Boot) erreicht werden können. Es liegt in absoluter Einsamkeit im äußersten Westen der Insel, erreichbar mit dem Kaiki 3 x wöchentlich ab Ágios Kírykos.

Karlóbasi (Sámos)

Der an der Nordküste der Insel gelegene Ort Karlóbasi ist mit seinen fast 5000 Einwohnern immerhin der zweitgrößte Ort von Sámos und zugleich neben Sámos-Stadt auch wichtiger Fährhafen für die Fähren nach Piräus.

Auf den ersten Blick macht der Ort auf den Besucher einen recht enttäuschenden Eindruck. Durch die immer noch recht vielen kleineren Industrie- und Handwerksbetriebe wirkt Karlóbasi sehr betriebsam, es zieht sich in die Länge. In der Hafengegend stehen etliche Lagerhäuser leer, verfallen, geben dem gesamten Ort ein bißchen den Charakter einer ehemaligen Goldgräberstadt, die schon ihre besten Zeiten hinter sich hat.

Karlóbasi wird von relativ wenigen Touristen besucht, noch spielt hier der Tourismus eine eher untergeordnete Rolle. Lohnenswert zumindest für einen Besuch ist Karlóbasi aber auf jeden Fall, es eignet sich darüber hinaus ebenfalls sehr gut als Standquartier für Ausflüge in den recht einsamen Westteil von Sámos. Des weiteren bietet Karlóbasi auch einige sehr interessante, wenn auch nicht typisch griechische Sehenswürdigkeiten.

Auf jeden Fall besuchen sollte man eine der sich noch in Betrieb befindenden Gerbereien des Ortes. Noch bis zum Zweiten Weltkrieg war Karlóbasi das wirtschaftliche Zentrum der Insel, und die Gerbereien waren über die Grenzen hinaus für ihre Produkte bekannt. Durch diese Lederwarenindustrie gelangten die damaligen Bewohner zu einem beachtlichen Wohlstand. Doch mittlerweile wurden viele dieser Gerbereien aufgegeben, nur noch wenige sind in Betrieb.

An der Uferstraße befinden sich einige Genossenschafts-Weinkellereien der Weinbauern des Ortes. Auch hier lohnt sich eine Besichtigung, denn die Weinberge um Karlóbasi herum liefern einen der besten Weine ganz Griechenlands. Wenn man einen Spaziergang durch den Ort macht, wird man immer wieder auf Zeugnisse vergangenen Glanzes stoßen, so z. B. auf die vielen prachtvollen klassizistischen Villen mit ihren kleinen Gärten. An vielen Häusern bröckelt allerdings der Putz.

So hat der Ort durchaus noch schöne Ecken, vor allem in den beiden Ortsteilen Neo Karlóbasi und Paléo Karlóbasi, die beide noch ein wenig von ihrem dörflichen Charakter bewahrt haben.

Seit 1987 beherbergt der Ort die mathematische Fakultät der Universität von Lésbos.

Sehenswert ist außerdem noch die Dreifaltigkeitskirche Agía Triáda, die sich auf halbem Weg zwischen dem Hafen und Paléo Karlóbasi befindet. In ihrem Innern kann man noch eine sehr schöne Ikonostase bewundern, die Kirche selbst stammt aus dem 16. Jh. Karlóbasi ist ein typisch griechisches Inselstädtchen ohne besondere außergewöhnliche Reize, aber vielleicht ist das Fehlen dieser Reize dafür verantwortlich, daß der Ort seinen eigenen Charakter bis jetzt so gut bewahren konnte.

Karlóbasi / **Praktische Informationen**

Ärztliche Versorgung: Es gibt mehrere Ärzte im Ort, die Versorgung ist ausreichend. In schwierigeren Fällen sollte man sich aber besser nach Sámos-Stadt begeben.

Autovermietung: Es existieren zumindest einige Vermieter am Ort, das Preisniveau entspricht dem anderer Vermieter auf Sámos.

Bademöglichkeiten: Im Ort selber findet man keine Bademöglichkeiten, das Wasser im Hafen ist nicht besonders sauber, ein Tribut an die vielen kleinen Handwerkerbetriebe.

Die besten Strände befinden sich wenige Kilometer westlich von Potámi, hier gibt es schöne Sand- und Kiesstrände mit der dazu gehörenden Infrastruktur (→*dort*). Zumindest im Sommer existiert hier eine regelmäßige Busverbindung von Karlóbasi zu den Stränden (→*Verkehrsverbindungen*). Allerdings muß man damit rechnen, daß diese Strände in der Hauptsaison nicht besonders einsam sind, dafür sorgen allein schon einige Diskotheken.

Bank: Es gibt eine Zweigstelle der National Bank of Greece in unmittelbarer Nähe des zentralen Busbahnhofs in der Ág. Nikolaos.

Einkaufen: Man erhält alle Dinge des täglichen Bedarfs in Karlóbasi. Die Weinkellereien des Ortes bieten ihren Wein auch zum Verkauf an. Das Angebot an rein touristischen Artikeln ist in Karlóbasi erfreulich gering.

Essen und Trinken: Die meisten Tavernen befinden sich in der Nähe des Hafens oder an der Uferstraße. Empfehlenswert ist die Taverne ,,To Kima'', direkt am Meer gelegen, gute griechische Küche.

Aufgrund der üppigen Vegetation gehört Sámos zu den grünsten Inseln Griechenlands ▶

Des weiteren befindet sich am Fähranleger ein Café, wo man recht schön sitzen kann. Das Preis-Leistungsverhältnis ist für die Restaurants und Tavernen im Ort angemessen, die Preise sind nicht zu hoch.

Unterkunft
Hotel ,,Aegeon", recht großes und komfortables Hotel, DZ 50-60 DM, Tel. 02 73/3 34 66.
Hotel ,,Samion" in Neo Karlóbasi, älteres Haus, recht preiswert, DZ ca. 25 DM.
Hotel ,,Merope", ebenfalls ein sehr großes Haus mit über 70 Zimmern, alle Zimmer recht sauber, DZ ca. 50 DM, Tel. 02 73/3 26 50.
Darüber hinaus besteht die Möglichkeit, Privatzimmer zu mieten. Informationen erhält man bei der Touristeninformation in der Od. Ág. Nikolaos.

Verkehrsverbindungen: Im Winter mindestens 5 x täglich, im Sommer 10 x täglich Verbindung mit Sámos-Stadt mit dem Linienbus über die Küstenstraße, darüber hinaus zusätzlich noch 2-3 x täglich Verbindung mit Sámos-Stadt über die Inlandstrecke.
Mit dem Fährschiff existiert eine tägliche Verbindung mit Piräus (Abfahrt meist gegen 7 Uhr ab Karlóbasi).
Zusätzlich gibt es noch eine lokale Schiffsverbindung mindestens 2 x wöchentlich ab Karlóbasi zu den Foúrnoi-Inseln, Fahrtdauer ca. 3 Stunden (→*dort*).

Wichtige Adressen
Im Ort findet man alle notwendigen öffentlichen Einrichtungen, wie Bank, Post, OTE, Polizei und Touristeninformation.
Fast alle Einrichtungen befinden sich dicht nebeneinander in der Od. Ág. Nikolaos, hier liegt auch der zentrale Busbahnhof und der Taxistand.

Karten

Auf Sámos sind an fast allen Kiosken und in vielen Geschäften sogenannte Touristenkarten der Insel erhältlich. Sie stammen meist aus dem ,,Toubis-Verlag", sind zwar nicht besonders genau, genügen aber einfachen Ansprüchen.
Auf Ikaría ist lediglich eine einfache Touristenkarte zu bekommen, die nur dazu ausreicht, sich eine erste Übersicht zu verschaffen.
Am besten ist es, man besorgt sich schon zu Hause eine Karte dieser Region. Hier kann mit gutem Gewissen die Übersichtskarte vom Verlag Freytag & Berndt ,,Kos-Sámos-Ikaría" im Maßstab 1:150 000 empfohlen werden. Sie ist übersichtlich, aktuell und zeigt recht genau die Straßenführung an.

Karvoúni-Massiv →*Pándroson*

Kastanéa (Sámos)

Kastanéa ist ein recht großes Weindorf mit fast 600 Einwohnern, etwa 10 km oberhalb von Karlóbasi in den Bergen gelegen.
Um Kastanéa herum hielten sich während des Zweiten Weltkrieges viele Widerstandskämpfer versteckt, so daß als Folge davon sämtliche Bewohner des Ortes am 30. August 1943 erschossen wurden. Noch heute findet jedes Jahr am 30. August eine Gedenkfeier statt, ein leider wirklich äußerst trauriger Anlaß. Übrigens kann man im Ort noch ein wunderschönes altes Gemeindewaschhaus besichtigen.
In Kastanéa gibt es eine Taverne und mehrere Kafenía, in sehr begrenztem Umfang werden auch Privatzimmer vermietet.
Verkehrsverbindung: Kastanéa besitzt 2 x täglich Linienbusanbindung an Karlóbasi, allerdings nur wochentags und im Sommer.

Katafýgion (Ikaría)

Katafýgion liegt 9 km von Ágios Kírykos entfernt an der Straße nach Evdilos. Sehenswert ist hier die Kirche Ágios Dimítrios im Ort und die Überreste der oberhalb des Ortes gelegenen Akropolis. Von der Akropolis sind zwar nur noch spärliche Überreste erhalten, doch der Rundblick vom 466 m hohen Berg ist einfach atemberaubend.
An den Ausläufern des Akropolis-Berges wurden Gräber aus dem 6. Jh. v. Chr. entdeckt. In einem dieser Gräber wurde auch das wunderschöne Grabrelief einer sitzenden Frau gefunden, ein klassisches Werk ägäischer Bildhauerkunst.
Von Katafýgion aus kann man auf schmalen Eselspfaden hinunter zur Küste nach Thérma und Ágios Kírykos wandern, allerdings ist der Abstieg teilweise recht steil und nicht ganz ungefährlich.

Kinder

Nach wie vor ist Griechenland mit seinen Inseln als Reiseland für Kinder zu empfehlen. Gerade auch auf Sámos bieten sich einige hervorragende kinderfreundliche Sandstrände für einen Urlaub mit Kindern an (→*Strände*).
Alles was man für Kinder braucht, ist auf Sámos problemlos zu bekommen, selbst Pampers und Gläschennahrung für Kleinkinder sind hier erhältlich, allerdings um einiges teurer als bei uns zu Hause. Aber auch auf Ikaría dürfte

es in dieser Hinsicht keine Schwierigkeiten geben, auch wenn das Angebot deutlich geringer ist als auf Sámos.

Wichtig bei Kleinkindern ist, sie ausreichend gegen die intensive Sonneneinstrahlung mit Hilfe einer Sonnencreme mit einem hohen Lichtschutzfaktor zu schützen. Diese sollte man am besten zu Hause besorgen, wo man auf jeden Fall eine bessere Creme für die empfindliche Haut des Kindes findet.

Beachtet man einige grundlegende Regeln für einen Aufenthalt in südlichen Ländern, dann dürfte es mit der Anpassung des Kindes an das Klima und die doch etwas ungewohnte Nahrung keine Probleme geben, Kinder passen sich oft schneller an als Erwachsene.

Vorbeugende Medikamente oder auch ganz spezielle Arzneimittel sollten Sie sich besser von zu Hause mitbringen, denn in dieser Beziehung sind die Ärzte in Griechenland oft zu sorglos. Zu schnell werden auch bei nur harmlosen Infekten Antibiotika verschrieben.

Die Flugpreise für Kinder per Charter sind verschieden gestaffelt, generell läßt sich Folgendes sagen: bis 2 Jahre zahlen Kinder nur 10 % des Flugpreises, haben aber kein Anrecht auf einen eigenen Sitzplatz. Zwischen 2-4 Jahren zahlen Kinder je nach Gesellschaft 10-50 % des Flugpreises, inklusive Anrecht auf einen eigenen Sitzplatz, 4-14 Jahre 50-75 % des Flugpreises, über 14 Jahre dann den vollen Flugpreis.

In den Hotels gewährt man Kindern je nach Saison zwischen 20 und 75 % Preisnachlaß, falls sie in einem Zustellbett übernachten. In kleineren Pensionen oder auch in Privatquartieren ist es beinahe selbstverständlich, daß für Kleinkinder nichts bezahlt werden muß.

Die Eintrittsermäßigungen in Museen oder bei Veranstaltungen bewegen sich zwischen 50-100 %.

Wenn man mit einem Kind auf Sámos oder Ikaría unterwegs ist, merkt man sehr schnell, welch eine wichtige Rolle Kinder bei den Griechen spielen. Sofern man selbst etwas kontaktfreudig ist, wird man häufig auf die Kinder angesprochen. In den Tavernen dürfen Kinder selbstverständlich auch herumlaufen, nicht selten bekommen sie sogar Bonbons geschenkt — hier ist die Kinderliebe der Griechen einfach sprichwörtlich.

Kiosk →*Períptero*

Kleidung

Zwar sind die Inseln Sámos und Ikaría — wie alle griechischen Inseln — ein ausgesprochenes Sommerreiseziel, doch ist es nie verkehrt, zumindest ei-

Lange Kiesstrände und weiß getünchte Kirchen prägen immer wieder das Bild der ägäischen Inseln

nen dickeren Pullover im Urlaubsgepäck zu haben. Die Abende können manchmal empfindlich kalt werden, auch im Hochsommer. Dies trifft vor allem auf die Nordküste der beiden Inseln zu, die direkt den sommerlichen Nordostwinden ausgesetzt ist, und auf die Dörfer in den Bergen, wo es zusätzlich auch noch nachts recht feucht werden kann.

Wenn Wanderungen geplant sind, sind feste, hohe Schuhe, eine lange Hose und eine Kopfbedeckung zweckmäßig. Ansonsten empfehlen sich für den Urlaub nur leichtere Kleidungsstücke, insbesondere Baumwollartikel. Auch eine Sonnenbrille gehört ins Urlaubsgepäck.

Sucht man eine Kirche oder ein Kloster auf — gerade auf Sámos bieten sich hier oft Gelegenheiten (→*Klöster*) -, so sollte man auf jeden Fall eine lange Hose bzw. ein längeres Kleid und eine angemessene Oberbekleidung wählen.
→*Ausrüstung*

Klima

Im Gegensatz zu den zentralen Kykladen besitzen die Inseln der Nord-Ost-Ägäis (zu denen Sámos und Ikaría gehören) ein etwas ausgeglicheneres Klima und eine etwas höhere Luftfeuchtigkeit. Doch auch hier kann es im Sommer extrem heiß werden, denn letztlich ist das Klima der Inseln geprägt durch die heißen und trockenen Sommer und die milden, aber regenreichen Winter. Der Winter dauert meist von November bis März und ist naß und ungemütlich. In dieser Jahreszeit fallen teilweise extrem hohe Niederschlagsmengen, begünstigt durch die hohen Berge beider Inseln, an denen sich die Wolken abregnen können. Zwar wird es selten kälter als 10 °C, doch durch die Winterstürme ist es sehr ungemütlich. Auf Sámos und teilweise auch auf Ikaría kann in den Bergen durchaus Schnee fallen, der manchmal sogar liegen bleibt. April und Mai sind die schönsten Monate auf beiden Inseln, das Wetter wird wieder ausgeglichener, der Frühling hat begonnen. Eine unglaubliche Blütenpracht und ein dichtes Grün überzieht die Inseln, die meisten Bäche führen auch noch genügend Wasser. Mit 7,5 bzw. 9,7 Stunden Sonnenscheindauer am Tag sind diese Monate sehr angenehm, lediglich das Wasser ist noch zu kalt zum Baden, aber es ist die schönste Jahreszeit zum Wandern. Der Sommer dauert von Juni bis September, dann können die Temperaturen leicht die 30 °C-Marke übersteigen, doch auch während dieser Zeit kann es in den Bergen immer wieder einmal kurz regnen. Zudem ist vor allem die Nordküste der beiden Inseln dem ständigen Nord-Ost-Wind ausgesetzt, der die Temperaturen auf ein erträgliches Maß reduziert. Manchmal kann dieser Wind

sogar Sturmstärke erreichen und dann für mehrere Tage den gesamten Schiffsverkehr lahmlegen, besonders im Juli und August geschieht dies des öfteren. Auch im Spätsommer wirken die Inseln trotz der langen Sommerhitze nicht zu ausgedörrt, dank des vielen Grüns und der Wälder. Außerdem hat das Meer in diesen Monaten die höchste Badetemperatur erreicht.
Der kurze Herbst geht sehr schnell in den Winter über, aber auch Ende Oktober ist Baden vereinzelt noch möglich.
Hier noch eine Tabelle der durchschnittlichen Lufttemperatur und der durchschnittlichen Sonnenscheindauer von April bis Oktober:

	Lufttemperatur in Grad Celsius	Sonnenscheindauer in Stunden am Tag
April	16,3	7,5
Mai	20,4	9,7
Juni	24,4	11,6
Juli	26,5	12,2
August	26,4	11,5
September	23,8	10,0
Oktober	19,7	7,4

Klöster

Gerade auf Sámos gibt es eine größere Anzahl von wirklich sehenswerten und interessanten Klöstern und Kirchen, die sich teilweise in einer wunderbaren einsamen Berglandschaft befinden. Einige von ihnen sollte man während des Urlaubs auf jeden Fall besuchen (→*Klosterbeschreibungen bei den einzelnen Ortschaften*). Hier ein paar Hinweise zum Besuch von Klöstern.
Etliche von ihnen sind nicht mehr bewohnt. Da der Unterhalt der Gebäude für die griechische Kirche zu teuer ist, werden einige besonders gut erhaltene von Viehzüchterfamilien bewohnt und bewirtschaftet. Für das kostenlose Wohnen kümmern sie sich dann ein wenig um die Erhaltung der Gebäude. Wenn Sie ein Kloster besichtigen möchten, erwartet man von Ihnen auf jeden Fall als Zeichen des Dankes eine kleine Spende. Um ganz sicher zu gehen, daß man auch jemanden antrifft, erkundigt man sich am besten im nächstgelegenen Dorf nach dem Kloster. Manchmal besitzt sogar jemand aus dem Dorf den Schlüssel für die Gebäude und begleitet Sie dorthin. Abgeschlossen sind die Gebäude in den meisten Fällen, auch die vielen kleinen Kirchen und Kapellen, die so einsam in der Landschaft herumstehen, da etliche von ihnen

immer noch viele kleine und große Kostbarkeiten (→Ikonen) beherbergen. Auf jeden Fall sollte man auch hier zumindest eine Kerzenspende hinterlassen. Um die Entstehungsgeschichte der meisten Kirchen und Klöster ranken sich oft nette kleine Legenden, die dem interessierten Besucher gerne weitererzählt werden.

Kokkári (Sámos)

Neben Pythagóreion an der Südküste ist Kokkári an der Nordküste der Insel der zweite wichtige Fremdenverkehrsort. Zwar zählt der Ort nur knapp 900 Einwohner, doch in der Hauptsaison platzt er aus allen Nähten, die schönen Strände in der Nähe des Ortes sind dann restlos voll.

Dennoch ist Kokkári immer noch ein sehr sehenswerter Ort, der trotz des vielen Tourismus, zumindest im Ortskern, in seiner Architektur noch nicht gelitten hat. Viele alte Häuschen säumen die Uferfront, kein unförmiger Neubau stört die insgesamt sehr homogene Architektur. Kleine malerische Gassen durchziehen den Ort, allerdings gespickt mit etlichen Tavernen und Souvenirgeschäften.

Kokkári ist noch immer einer der schönsten Orte der Insel und eignet sich hervorragend als Standquartier für denjenigen, der Badeferien an schönen Stränden verbringen und sich zugleich in einem quirligen Urlaubsort aufhalten möchte, der noch sehr viel Charakter aufweist.

Außergewöhnliche Sehenswürdigkeiten besitzt der Ort nicht, lediglich die große Ág. Nikoláos Kirche mit ihrer kostbaren Ikonostase sollte man nicht versäumen zu besichtigen.

Schön ist auch der Blick auf die kleine Bucht von Kokkári. Sie wird geteilt durch zwei kleine Felsen, die mit dem Ort durch eine schmale Landenge verbunden sind. Hier findet sich ein sehr reizvolles Fotomotiv.

Darüber hinaus bieten sich von Kokkári aus auch Wanderungen in die schöne, noch recht unberührte Landschaft im Hinterland der Nordküste an, z. B. zum ältesten Kloster der Insel, dem Kloster Vrondiáni (→dort).

Kokkári / **Praktische Informationen**
Ärztliche Versorgung: Die ärztliche Versorgung im Ort ist gewährleistet, in schwierigen Fällen wenden Sie sich bitte an einen Arzt in Sámos-Stadt.

Die kleinen bunten Boote sind ein wichtiges Verkehrsmittel, um zu abgelegenen Buchten zu gelangen ▶

Autovermietung: Es gibt im Ort eine Auto- und mehrere Mopedverleihstationen, z. B. von InterRent, Tel. 02 73/9 23 09.

Bademöglichkeiten: Die Bademöglichkeiten sind hier außerordentlich gut, es gibt herrliche Kiesstrände mit klarem Wasser, allerdings ist teilweise starker Seegang möglich, daher in einigen Abschnitten für Kinder nur bedingt geeignet.

Die schönsten Strände sind: ,,Lemonákia" und ,,Tsamadoú", ca. 2 km westlich des Ortes, umgeben von Olivenbäumen und Weingärten. An beiden Stränden sind Tavernen vorhanden, Tsamadoú geht recht flach ins Wasser, ist daher kinderfreundlich.

Östlich des Ortes befinden sich zu beiden Seiten des Wächterfelsens (der kleinen Felszunge) ebenfalls sehr schöne Kies-Sandstrände, allerdings gibt es nur wenig Schatten. Im Ort selbst ist auch ein kleiner Strand, der allerdings teilweise verschmutzt und nur bedingt zu empfehlen ist.

Obwohl es sich um Kokkári herum fast ausschließlich um Kiesstrände handelt, gehören sie trotzdem zu den schönsten Stränden der Insel.

Essen und Trinken: Hier ist das Angebot außerordentlich reichhaltig, im Ort gibt es etliche Tavernen. Das Preisniveau der Tavernen hat sich auf die vielen Urlauber eingependelt, d. h., es ist in den oberen Kategorien angesiedelt, trotzdem hier drei Empfehlungen:

Taverne ,,To Kokkári", gute Küche, recht reichhaltige Auswahl, vernünftige Preise.

Taverne ,,Poseidon", direkt nebenan, schöne schattige Sitzplätze, gute Küche.

Taverne ,,Samia", gute griechische Küche, ist noch recht preiswert und hat viel Auswahl.

Unterkunft

Hotel ,,Galini", recht modernes Hotel mit schönen Zimmern, allerdings ziemlich laut an der Dorfstraße gelegen, DZ ca. 45 DM, Tel. 02 73/9 23 31.

Hotel ,,Niki", direkt im Ortszentrum gelegen, DZ ca. 35 DM, Tel. 02 73/9 22 24.

Hotel ,,Lemos", DZ ca. 35-40 DM, Tel. 02 73/9 22 50.

Hotel ,,Venus", recht großes Hotel, Neubau, jedoch mit schönen Zimmern, DZ ca. 50 DM, Tel. 02 73/9 23 30.

Hotel ,,Tsamadoú", Strandhotel mit einer sehr extravaganten Ausstattung, DZ ca. 50 DM, Tel. 02 73/9 22 40.

Außerdem werden in Kokkári auch Privatzimmer vermietet, Informationen darüber bei der Touristeninformation im Ort.

Verkehrsverbindungen: Es existiert eine sehr gute Linienbusverbindung nach Sámos-Stadt (mindestens 10 x täglich im Sommer). Zudem fahren in der Hochsaison auch noch bei Bedarf Busse zu den westlich gelegenen Stränden.

Wichtige Adressen
Es gibt im Ort sowohl Bank, Post und OTE als auch Touristeninformation und sonstige notwendige öffentliche Einrichtungen.

Konsulate →*Botschaften*

Kosmadaíoi (Sámos)

Das kleine Dorf Kosmadaíoi liegt über 600 m hoch am Fuße des Kérkis-Gebirges in einer sehr einsamen Landschaft.

Kosmadaíoi ist ein äußerst sympathisches Dorf mit einer schönen Platía, einer kleinen Dorfkirche und dem kleinen Kafenío ,,To Stéki", wo auch ganz einfache Speisen zubereitet werden und der Wirt sehr nett ist. Vom Ort aus kann man eine Wanderung zum abgelegenen und verlassenen Kloster Kmísis tis Theotókou unternehmen und zu der Höhle Sarandaskaliótissa mit dem kleinen Marien-Kirchlein im Eingang.

Etwas höher liegt die Grotte des Pythágoras, in der der Überlieferung nach der Philosoph Pythágoras Zuflucht gefunden haben soll. Mit Sicherheit sind es aber Höhlen, die schon seit archaischer Zeit immer wieder von Flüchtlingen aufgesucht worden sind. Den Weg läßt man sich am besten im Dorf genau beschreiben, für eine Wegstrecke benötigt man ca. 2 Stunden Gehzeit.

Kosmadaíoi besitzt keine Linienbusverbindung mit Karlóbasi und ist daher aufgrund der recht großen Entfernung (ca. 15 km ab Karlóbasi) nur mit Mühe zu Fuß zu erreichen. Neuerdings soll der Ort 2 x wöchentlich Busverbindung mit Karlóbasi haben.

Koumaradaíoi

Koumaradaíoi ist ein kleines Straßendorf an der Straße von Pythagóreion nach Marathokámpos gelegen. Beliebt ist das Dorf bei den Urlaubern vor allem wegen seiner Keramikprodukte und der Teppichknüpferei. Im Ort gibt es viele Geschäfte, wo man diese Produkte erwerben kann.

Besonders empfehlenswert sind hier außer den ,,typischen" Keramikprodukten die Erzeugnisse, die von den Einwohnern auf Sámos noch selbst benutzt werden, wie vor allem Schalen und Wasserkrüge.

Hier gibt es auch ein Geschäft, wo man alle Kräuter, die auf Sámos wachsen, kaufen kann. Allein wegen der vielen unnachahmlichen Gerüche einmal in dem Geschäft herumzuschnuppern lohnt sich. Es befindet sich direkt an der Hauptstraße des Ortes.

Im Koumaradaíoi gibt es einige Tavernen, die sich fast ausschließlich auf Durchgangskundschaft eingestellt haben.
Der Ort hat 2 x täglich Linienbusverbindung mit Sámos-Stadt.
Unbedingt empfehlenswert ist von hier aus ein Abstecher zum ca. 2 km südlich gelegenen Kloster Megális Panagías (→dort), dem reichsten der Insel.

Koumaíika (Sámos)

Abseits der Durchgangsstraße nahe der Südküste befindet sich in der Nähe von Órmos Marathokámpou das kleine Dörfchen Koumaíika. Sehenswert in dem sonst recht unbedeutenden Dorf ist der alte Dorfbrunnen aus dem Jahre 1882 mit seinen schönen alten Reliefplatten.
Im Ort lädt eine kleine Taverne zur Rast ein.

Krankenhäuser →*Ärztliche Versorgung*
Krankenscheine →*Ärztliche Versorgung*
Kreditkarten →*Geld und Devisen*

Kriminalität

Die Kriminalitätsrate in Griechenland ist auf keinen Fall höher als in anderen südeuropäischen Ländern, man sollte also nicht überängstlich sein. Zwar schnellt diese Rate auch auf Sámos in den touristischen Ballungszentren in den Sommermonaten deutlich empor, doch verglichen mit anderen großen internationalen Touristenzentren ist sie immer noch recht niedrig. Man sollte trotzdem gewisse Vorsichtsmaßnahmen nicht außer acht lassen, denn Gelegenheit macht Diebe.
Wird man jedoch bestohlen, so sollte man sofort zur nächsten Polizeistation gehen und ein Protokoll aufnehmen lassen. Bei Eigentumsdelikten ist gerade solch ein Polizeiprotokoll versicherungsrechtlich äußerst wertvoll. Sind Ausweispapiere oder andere wichtige Dokumente abhanden gekommen, bitte sofort das Deutsche Konsulat in Sámos-Stadt informieren: Od. Sofouli 36, Tel. 02 73/2 75 27-2 72 60. Hier bekommt man vorläufige Ersatzdokumente ausgestellt, nachdem man vorher bei der örtlichen Polizei eine Diebstahlanzeige gemacht hat.
→*Adresse der Polizei in Sámos-Stadt*

Kultur →*Geschichte, Unterhaltung*

Kuşadasi/Türkei (Ausflug)

Sofern es die politische Situation zuläßt, werden von Sámos aus täglich Ausflugsfahrten nach Kuşadasi (Türkei) und weiter zu den berühmten Ausgrabungsstätten von Ephesos, Priene, Milet und Didyma angeboten, eine Möglichkeit, die man sich trotz des hohen Preises nicht entgehen lassen sollte (→*Türkei*). Kuşadasi ist ein gewaltiges Urlauberzentrum, lockt aber immer noch mit unwahrscheinlich günstigen Einkaufspreisen für Souvenirartikel, der ganze Ort besteht förmlich aus Souvenirgeschäften. Hier ist Handeln noch an der Tagesordnung, um 50 % sollte man den genannten Preis auf jeden Fall herunterhandeln, sonst wird man schlichtweg übers Ohr gehauen.

Trotzdem ist es immer noch oder immer wieder ein interessanter Ort. Vor hier aus gibt es ausgezeichnete Verbindungen mit Bussen, Taxen oder Dolmus (Sammeltaxi) zu den einzelnen Ausgrabungsstätten. Im Rahmen eines Tagesausflugs wird man sicherlich nur eine besichtigen können, hier ist unbedingt Ephesos empfohlen. Es ist eine der am besten restaurierten antiken Stätten im gesamten östlichen Mittelmeerraum und noch immer wird weiter restauriert. Selbst Laien, die sich nicht mit Archäologie auskennen, können sich einen einmaligen Einblick in die Geschichte einer berühmten Stadt der Antike verschaffen, so ist z. B. die Fassade der Bibliothek über zweieinhalb Stockwerke komplett restauriert worden. Macht und Reichtum griechischer Städte in der Antike werden hier sichtbar.

Lefkádas Evangelismós (Ikaría)

Etwas westlich des Kurortes Thérma Lefkádas liegt direkt an der Küste etwas oberhalb der kleinen Straße das Kloster Lefkádas Evangelismós. Es ist im Grunde ein recht unbedeutendes Kloster, bestehend aus einem noch neueren Gebäude und einer älteren byzantinischen Kirche. Das Kloster ist jedoch wunderschön oberhalb der Küste gelegen mit den hohen Bergen des Athéras-Massivs im Hintergrund.

Léka (Sámos)

Das nette kleine Bergdorf Léka liegt ca. 4 km von Karlóbasi entfernt. Im Ort befindet sich eine kleine Taverne und ein Kafenío, beide laden zur Rast ein. Léka ist ein guter Ausgangspunkt für Abstecher — allerdings auf teilweise recht schlechten Wegstrecken — zu außerordentlich interessanten und trotzdem wenig besuchten sehenswerten Stätten, so zu den Dörfern Kastanéa (→*dort*), Kosmadaíoi (→*dort*) und Nikolúdes (→*dort*).

Léka hat 5 x täglich Busverbindung mit Karlóbasi, allerdings nur im Sommer und wochentags.

Literatur

Reiseführer
- Bötig, Klaus: Kykladen und Chios, Lesbos, Sámos, Oase-Verlag 1984.
- Kronabetter, Brigitte: Chios, Lesbos, Sámos, Otto Müller Verlag 1983.
- Anderson, B. u. L.: Landschaften auf Sámos, Sunflower Verlag 1989.
- Senne, Leonie: Reise-Handbuch Griechische Inseln, Bd. I, Reisebuchverlag 1988.
- Fohrer, Eberhard u. a.: Griechische Inseln, Michael Müller Verlag 1987.
- Scharf, Helmut: Ostägäische Inseln, Walter Verlag 1988.
- Viedebantt, Klaus: Urlaubsziel Griechenland und seine Inseln, Heyne Verlag 1983.

Schöngeistige Literatur
- Josing-Gundert, Wolfgang: Griechenland — Ein Reisebuch, Ellert & Richter Verlag 1989.
- Kästner, Erhart: Ölberge, Weinberge, Ein Griechenlandbuch, Insel-Taschenbuch 1974.

Musik und Tanz
- Eckhardt, Klaus: So singt Griechenland, Romiosini Verlag 1983.
- Eckhardt, Klaus: Made in Greece (So singt Griechenland Bd. II), Romiosini Verlag 1984.
- Eckhardt, Klaus: So spielt man Távli, Romiosini Verlag 1988.
- Schiel, Rolf und Margret: So tanzt Griechenland, Romiosini Verlag 1984.

Sprache
- Eideneier, Hans und Niki: Neugriechisch ist gar nicht so schwer, Reichert Verlag 1982.
- Eideneier, Hans: Neugriechisch wie es nicht im Wörterbuch steht, Bastei-Verlag 1982.

Märkte →*jeweilige Ortschaften, Einkaufen*

Magganítis (Ikaría)

Magganítis ist ein kleines Dorf an der Südküste der Insel und noch völlig ohne Straßenanbindung. Es ist lediglich mit dem Kaiki von Ágios Kírykos (→*dort*) zu erreichen.

Der Ort eignet sich für diejenigen als Standquartier, die ihren Urlaub in absoluter Einsamkeit verbringen möchten, denn davon gibt es in Magganítis genug. Im Dorf werden einige bescheidene **Privatzimmer** vermietet, ein einfacher kleiner Kiesstrand lädt zum Baden ein.

Verkehrsverbindung mit dem Kaiki mit Ágios Kírykos ca. 3 x wöchentlich.

Manolátes (Sámos)

Das kleine Dörfchen liegt in 350 m Höhe oberhalb der Nordküste und ist auf einer kleinen Straße ab Platanákia (→*dort*) zu erreichen. Es ist malerisch an einem Berghang gelegen, umgeben von einer herrlich grünen Landschaft. Auch Manolátes wird von griechischen Familien gerne als Ausflugsziel benutzt, am Dorfrand befindet sich das Ausflugslokal ,,Paradisos" mit guter griechischer Küche. Stark geprägt wird das Dorf vom Weinanbau. Überall trifft man auf die für diese Gegend so charakteristischen Terrassenfelder.
Bei Manolátes handelt es sich noch um ein typisch samiotisches Dorf, das sich in den letzten Jahren und Jahrzehnten nur wenig verändert hat. Mit etwas Glück wird man auch hier vielleicht einige **Privatzimmer** finden. **Linienbusverbindung** nach Sámos-Stadt besteht lediglich bis Platanákia an der Küstenstraße.

Marathokámpos (Sámos)

Marathokámpos ist ein ziemlich großer Ort mit über 2000 Einwohnern und liegt unweit der Südküste im Westen der Insel. Bekannter bei den Urlaubern ist vor allem der Hafen und die Fischersiedlung des Ortes Órmos Marathokámpou (→*dort*) wegen der sich in der Nähe befindenden schönen Sandstrände.
So machen auch nur die wenigsten Urlauber in Marathokámpos Station, die meisten fahren gleich hinunter nach Órmos Marathokámpou. Infolgedessen blieb der Ort noch recht ursprünglich, auch heute leben die meisten Einwohner von der Olivenölproduktion und von der Weberei (Teppiche und Taschen aus Schafswolle).
Früher war Marathokámpos ein sehr wohlhabendes Dorf. Die Schiffswerften waren weit über Sámos hinaus bekannt, bis zu dreimastige Kaika wurden hier gebaut.

Marathokámpos / **Praktische Informationen**
Alle wichtigen Institutionen des öffentlichen Lebens sind im Ort vorhanden, wie Post, OTE, Bank etc.
Essen und Trinken: An der Durchgangsstraße und an der Platía befinden sich einige Tavernen und eine Snack-Bar.

Unterkunft
Unterkunftsmöglichkeiten gibt es in einigen recht bescheidenen Pensionen und in begrenztem Maße werden auch Privatzimmer angeboten.
Verkehrsverbindung: Verkehrsverbindung nach Sámos-Stadt mit dem Linienbus besteht 3-5 x täglich.

Mavratzaíoi (Sámos) →*Timíou Stavroú*

Maße und Gewichte

Hier dürfte es keine große Umstellung für den Mitteleuropäer geben. Lediglich das Pfund ist als Gewichtseinheit unbekannt, es wird stets in Kilo berechnet, ein Pfund heißt ,,missó klió".
Offener Wein und loses Olivenöl wird ebenfalls kiloweise verkauft und nicht literweise.

Medikamente →*Ärztliche Versorgung, Apotheken*
Medizinische Versorgung →*Ärztliche Versorgung*

Megális Panagías (Sámos)

Das 1586 an der Stelle einer antiken Kultstätte gegründete Kloster Megális Panagías liegt inmitten einer schönen Landschaft mit Pinien, Zypressen und Olivenbäumen.
Es wurde damals von kleinasiatischen Mönchen gegründet und besaß wohl gewaltige Reichtümer. Auch heute noch wird es als das reichste Kloster der Insel angesehen, ist aber inzwischen nur noch von einem Mönch bewohnt.
In der Mitte des schönen blumengeschmückten Innenhofes befindet sich die 1593 gegründete Klosterkirche, deren Innenraum ganz mit Fresken ausgeschmückt ist. Weiterhin besonders sehenswert ist der Marmorfußboden mit dem byzantinischen Doppeladler und die aus dem 18. Jh. stammende wertvolle vergoldete Ikonostase sowie die Hauptikone, die gänzlich versilbert ist. Auch die kleine Nebenkirche, der älteste Teil des Komplexes, beherbergt in ihrem Inneren einige sehr wertvolle Ikonen aus dem 17. Jh.
Wenn man gut zu Fuß ist, kann man von hier aus das nahegelegene kleine Dörfchen Mýli (→*dort*) erreichen.
Unterwegs genießt man schöne Ausblicke auf die langgestreckte Bucht von Pythagóreion.

Das Kloster ist in der Regel täglich geöffnet bis auf eine Mittagspause. Verkehrsmäßig am besten zu erreichen ist es mit dem Linienbus bis Koumaradaíoi (2 x täglich) und dann 2 km zu Fuß.

Museen →*jeweilige Ortschaften*

Mýli (Sámos)

Mýli ist ein kleines Dörfchen im Süden der Insel, umgeben von zahlreichen Zitrus- und Olivenplantagen. Der Anbau dieser Bäume zählt auch heute noch zum wichtigsten Auskommen der Bewohner. Bekannt ist Mýli durch seinen Wasserreichtum, früher standen an dem Bach, der den Ort durchfließt, zahlreiche kleinere Wassermühlen, eine Seltenheit auf griechischen Inseln.
Sehenswert ist die kleine Dorfkirche und die schöne schattige Platía mit ihren großen Maulbeerbäumen und Platanen. An dieser Platía liegen drei Tavernen, in jeder von ihnen kann man ausgezeichnet speisen.
Der Ort läßt sich sehr gut zu Fuß auf einem längeren Spaziergang von den ausgedehnten Badestränden in der Bucht von Pythagóreion aus erreichen oder 1-2 x täglich mit dem Linienbus von Sámos-Stadt.
Südlich von Mýli auf halber Strecke zum kleinen Küstenort Iraíon befindet sich der Pýrgos Sarakíni, einer der ganz wenigen noch bewohnten Wehrtürme auf der Insel (→*dort*).

Mytilinioí (Sámos)

Der 7 km von Pythagóreion entfernte Ort Mytilinioí mit seinen über 2500 Einwohnern weist auch heute noch ein schönes unverfälschtes Dorfbild auf. Er ist Zentrum des Tabakanbaus und des Anthosmia-Weines.
Hauptsehenswürdigkeit und auch weit über die Grenzen von Sámos hinaus bekannt ist das 1967 eröffnete Paläontologische Museum im kleinen Gemeindehaus des Ortes. Dieses Museum ist eines der ganz wenigen seiner Art. Die meisten Funde stammen aus der Schlucht Stephanide, ca. 3 km nordwestlich von Mytilinioí, und wurden aus einer Tiefe von gut 11 m geborgen. Anhand dieser Funde konnte eindeutig bewiesen werden, daß Sámos in grauer Vorzeit durch eine Landbrücke mit Kleinasien verbunden war, denn es wurden Überreste von Tieren gefunden, deren Vorfahren in Persien und im Gebiet des Himalaja lebten, z. B. Giraffen, Zebras, Nashörner, Elefanten,

Strauße etc. All diese Tiere müssen im Laufe von Jahrmillionen auf ihren ausgedehnten Wanderungen auch über Kleinasien auf das damals noch mit dem Festland verbundene Sámos gelangt sein.
Sämtliche Ausstellungsstücke sind mit erklärenden Texten versehen, die von dem damaligen Ausgräber I. K. Melentis verfaßt wurden. Das Museum hat keine verbindlichen Öffnungszeiten, bei Bedarf wird es aufgeschlossen, der Eintritt ist immer noch kostenlos. In dem gleichen Gebäude ist auch die Post und die Polizei untergebracht, es befindet sich direkt an der Hauptstraße. Sehenswert ist ebenfalls die kleine alte Brücke, die aus dem Jahre 1668 stammt.

Mytilinioí / **Praktische Informationen**
Der Ort besitzt alle notwendigen öffentlichen Einrichtungen, wie Post, Bank, OTE, Arzt.
Essen und Trinken: An der Platía befinden sich zwei angenehme Kafenía und in unmittelbarer Nähe eine recht empfehlenswerte Taverne.
Unterkunft
Im Ort gibt es einige kleinere recht preiswerte Pensionen und einige Privatzimmer.
Verkehrsverbindungen: Mytilinioí hat mindestens 5 x täglich Linienbusverbindung mit Sámos-Stadt und mit Pythagóreion.

Mythologie

Es gibt in Griechenland wohl kaum eine Insel oder Stadt, deren Entstehungsgeschichte nicht auch einen festen Platz in der griechischen Mythologie hat. Da die Antike in Griechenland reich war an sagenhaften Gestalten, Göttern und Helden, haben alle auch einen Platz in der Mythologie gefunden. Hier vermischen sich Märchen, Vergangenheit und Gegenwart mit einem Hauch von Realität, viele dieser Legenden werden immer wieder gerne in Erinnerung gerufen. So wird z. B. die Insel Ikaría mit jenem sagenhaften Ikaros in Verbindung gebracht, dem Sohn des kretischen Baumeisters Daidalos, der mit selbst konstruierten Flügeln aus Vogelfedern und Wachs versuchte zu fliegen, der Sonne dabei zu nahe kam und auf Ikaría abstürzte. Wie es wirklich gewesen ist, wissen wir nicht, doch danach wird in der Mythologie auch nicht gefragt. Wichtiger ist es zu erkennen, daß es schon eine sehr frühe Kulturverbindung zwischen Kreta und Ikaría gegeben haben muß.
So hat jede Insel ihre eigene Mythologie, und u. a. diese Geschichten sind es, die alle griechischen Inseln so interessant machen.

Nas (Ikaría)

Der kleine Weiler Nas liegt an der Nordwestküste der Insel und ist durch einen dreiviertelstündigen Fußmarsch von Armenistís zu erreichen. Es ist ein sehr eindrucksvoller Fußmarsch, immer oberhalb der hier sehr felsigen Küste entlang. Dies ist auch die einzige Möglichkeit, den Ort zu erreichen, denn es existieren keinerlei öffentliche Verkehrsmittel (an und ab vielleicht einmal ein Taxi).

Nas selbst besteht lediglich aus ein paar Häusern und zwei Tavernen, gelegen am Rande eines üppig grünen kleinen Flußtales. Der kleine Fluß Chálaris führt hier selbst im Hochsommer noch genügend Wasser, so daß sich eine unglaubliche Artenvielfalt von Amphibien gehalten hat. Man kann Frösche, Wasserschildkröten, Flußaale, Krebse und diverse andere Kleintiere beobachten, die Flußaue selbst gleicht schon beinahe einem Dschungel. Auf kleinen Trampelpfaden bahnt man sich den Weg durchs Gebüsch entlang des Flusses, stößt sogar auf einen kleinen Wasserfall. Diese dschungelähnliche Vegetation ist völlig untypisch für griechische Inseln.

Ausgerechnet hier trifft man auf die Überreste des ältesten Heiligtums von Ikaría, dem Heiligtum der Artemis Tauropó los. Es befindet sich direkt oberhalb des Flusses in unmittelbarer Nähe des kleinen Kiesstrandes. Aufgrund von Funden datiert man die Gründung des Heiligtums auf das 5. Jh. v. Chr. zurück, doch wird angenommen, daß die Gründung wahrscheinlich in die prähistorische Zeit der Mykener zurückreicht. Der Göttin Tauropólos, der Hüterin des wilden Stiers, wurden wahrscheinlich sogar Menschenopfer dargebracht. An der Stelle, wo später ein Tempel errichtet wurde, befand sich ursprünglich der Opferaltar.

Im 19. Jh. sollen noch etliche Überreste des Heiligtums erhalten gewesen sein, doch dann wurde an dieser Stelle eine Kalkbrennerei betrieben, und die Reste der antiken Kultstätte wurden zu Kalk verarbeitet. So ist bis auf ein paar spärliche Grundmauern nichts mehr übrig geblieben. Doch trotzdem ist diese Stätte auch für den Laien interessant, denn selten ist ein Heiligtum von der geographischen Lage her so in Einklang mit der es umgebenden Natur wie in Nas.

Wer diese Harmonie der Natur länger genießen will und sich mit einem kleinen Kiesstrand als Badegelegenheit begnügt, der findet hier sogar **Übernachtungsmöglichkeiten**. In beiden Tavernen werden einige Doppelzimmer vermietet für ca. 12-15 DM. Der Komfort ist bescheiden, die Ruhe und die großartige Lage aber sind unbezahlbar.

Im Flußtal ist *Campen* in begrenztem Maße erlaubt, da die meisten Camper sowieso zum Essen und Duschen in eine der beiden **Tavernen** kommen, die beide eine ausgesprochen gute Küche mit sehr empfehlenswerter Kost aufweisen. Hier existiert auch eine Telefonmöglichkeit. Bleibt zu hoffen, daß dieses kleine Paradies nicht allzu schnell dem gewinnbringenden Tourismus geopfert wird, leider sprechen schon einige Anzeichen in Form von Betonneubauten dafür. Hier wäre der vielzitierte „Sanfte Tourismus" mit Sicherheit angebracht.

Nikolóudes (Sámos)

Das winzige Dörfchen Nikolóudes liegt idyllisch in einem recht bewaldeten Gebiet. Es befindet sich oberhalb von Karlóbasi im noch recht einsamen Westteil der Insel und ist über den Ort Léka zu erreichen.
Im Ort soll angeblich die älteste Platane der Insel stehen, nachweisen kann man es nicht, aber ihr Umfang ist gewaltig. Die Platane steht in der Nähe eines ebenfalls sehr alten Waschhauses. Solche Waschhäuser befanden sich früher in fast allen Dörfern.
Im Ort selbst gibt es lediglich ein kleines, sehr einfaches Kafenío, das zur Rast einlädt.
Nikolóudes hat im Sommer 2 x wöchentlich Busverbindung mit Karlóbasi.

Öffentliche Verkehrsmittel →*Reisen auf und zwischen den Inseln*

Olympic-Airways

Sämtliche innergriechische Fluglinien werden ausschließlich von der halbstaatlichen Fluggesellschaft Olympic-Airways bedient.
Zwar sind Buchungen und Reservierungen für innergriechische Flüge auch von Deutschland aus möglich, doch sicherer und meistens auch billiger ist es, wenn man an Ort und Stelle bucht. Aufgrund der recht niedrigen Flugpreise empfiehlt sich auf jeden Fall eine frühzeitige Platzreservierung, da die Maschinen fast ständig ausgebucht sind.
Wer über Athen fliegt und von dort gerne weiter zu den einzelnen Inseln fliegen möchte, der sollte allerdings schon von Deutschland aus mit der Olympic-Airways fliegen, denn dann entfällt das lästige Umsteigen auf dem Athener Flughafen vom East- zum West-Terminal, da der West-Terminal ausschließ-

lich der Olympic-Airways vorbehalten ist, während alle anderen Charterflüge auf dem East-Terminal ankommen.

Folgende Flugverbindungen ab Sámos gibt es zur Zeit: 2-3 x täglich nach Athen (ca. 50 DM), 1-2 x wöchentlich nach Chíos (ca. 45 DM), 2 x wöchentlich nach Mykonos (ca. 65 DM), 1 x wöchentlich nach Lésbos (ca. 75 DM), 2-3 x wöchentlich nach Thessaloníki (ca. 90 DM).

Büros von Olympic-Airways
Athen: 96 Syngrou Avenue, Tel. 01/9 29 21 11, und am Sintagma-Platz, Tel. 01/9 29 22 47, sowie außerdem an beiden Terminals des Athener Flughafens.
Sámos: Sámos-Stadt, Od. Kanari, Tel. 02 73/2 72 37, 2 84 91 und direkt am Flughafen Tel. 02 73/6 12 19.

Órmos Marathokámpou (Sámos)

Zwar ist aus der ehemaligen kleinen Fischersiedlung ein recht gesichtsloses Dorf mit vielen Neubauten geworden, doch noch immer ist der kleine Fischerort Órmos Marathokámpou im Südwesten der Insel einer der schönsten Urlaubsplätze auf Sámos. Die landschaftliche Kulisse ist grandios, im Hintergrund erhebt sich das Massiv des Kérkis.

Vor allem weiter westlich findet man eine Reihe wirklich schöner Strände, von denen die wenigsten überlaufen sind. Gerade hier ist die Kombination von Baden und Wandern in alpin anmutender, sehr einsamer Landschaft auf ideale Weise möglich.

Im Ort besteht die Möglichkeit, eine Schiffswerft zu besichtigen, auf der in mühevoller Handarbeit Kaika (kleine Boote) hergestellt werden. Dies ist für Urlauber, die sich für Schiffe interessieren, sicherlich sehr beeindruckend. Von Órmos Marathokámpou aus bieten sich Ausflüge in den sehr einsamen Westteil der Insel zu den Orten Kallithéa (→*dort*) und Drakaéi (→*dort*) an.

Órmos Marathokámpou / **Praktische Informationen**

Im Ort gibt es Post und OTE, Geldumtausch war bis 1989 nur in der Touristeninformation möglich. Eine Auto- und Mopedvermietung existiert am Ort.
Bademöglichkeiten: Die Bademöglichkeiten sind ausgesprochen gut, vor allem westlich des Ortes ziehen sich über etliche Kilometer immer wieder kleinere und größere Kies- und Sandstrände hin. Alle sind gut zu Fuß zu erreichen. Die schönsten Strände befinden sich bei dem kleinen Weiler Votsalákia (ca. 4 km entfernt). Hier erstreckt sich ein Sand-Kiesstrand über 2 km Länge mit mehreren Tavernen und teilweise neuerbauten Hotels. Der zweite sehr schö-

ne Strand ist der Psilí Ámmos, 2 km weiter westlich, ebenfalls mit Taverne (nicht zu verwechseln mit dem berühmten Strand Psilí Ámmos im Osten der Insel).
Essen und Trinken: Die Tavernen des Ortes befinden sich fast alle am Fischerhafen und sind durchweg empfehlenswert. Das Angebot ist reichhaltig, die Qualität des Essens gut, und die Preise bewegen sich auf einem durchschnittlichen Niveau. Besonders schön sitzt man im Garten der Taverne des Hotels ,,Klimataria''.
Unterkunft
Die Unterkunftsmöglichkeiten sind recht vielfältig, hier einige Empfehlungen:
Hotel ,,Kérkis Bay'' direkt im Ortszentrum, eines der besten Hotels am Platze, DZ ca. 60-70 DM, Tel. 02 73/3 72 02 oder 3 15 74.
Hotel ,,Klimataria'', ebenfalls direkt im Ort gelegen, die Zimmer sind recht klein, aber sauber, DZ ca. 30 DM, Tel. 02 73/3 14 12.
Hotel ,,Votsalákia Plage'', beim Weiler Votsalákia direkt am Strand gelegen, recht schöne Architektur, mehrere kleinere Häuser sind reizvoll miteinander verbunden. DZ ca. 40 DM, Tel. 02 73/3 14 44.
Darüber hinaus werden in Órmos Marathokámpou Privatzimmer vermietet, bei der Vermittlung hilft die Touristeninformation im Ort.
Verkehrsverbindung/Ausflüge: *Busverbindung* existiert lediglich 2 x täglich nach Sámos-Stadt.
In der Hochsaison werden *Ausflüge* mit dem Schiff in die Türkei, nach Pátmos und zu den Foúrnoi-Inseln angeboten, die genaueren Abfahrtszeiten erfragt man am besten an Ort und Stelle. Jedoch sollte man beachten, daß die Ausflugsfahrten generell ausgesprochen teuer sind (z. B. nach Pátmos für 50 DM, das ist fast 5 x so teuer wie mit dem Linienschiff ab Pythagóreion). Lohnenswert sind auch die Ausflugsfahrten zu der kleinen Insel Samiopoúla (→*dort*), die der Südküste vorgelagert ist. Hier gibt es einen kleinen Strand und sogar bescheidene Unterkunftsmöglichkeiten.

Órmos Megálo Seitani (Sámos)

Die Bucht Megálo Seitani liegt westlich von Karlóbasi und ist nur durch einen anstrengenden eineinhalbstündigen Fußmarsch zu erreichen. Wer diesen Fußmarsch in Kauf nimmt, wird allerdings mit einer wunderschönen Badebucht mit kristallklarem Wasser und feinem Sand überrascht.
Angeblich sollen sich in der Abgeschiedenheit dieser Bucht noch einige der sonst sehr seltenen Mönchsrobben aufhalten.

Obwohl am Ende der Bucht sogar einige Bungalows stehen (es ist wirklich ein Wunder, wie hier das Baumaterial herangeschafft worden ist!), gibt es keinerlei Verpflegungsmöglichkeiten.

OTE →*Telefonieren*

Pagóndas (Sámos)

Mit über 1500 Einwohnern zählt der am Osthang des Oros Vournias gelegene Ort Pagóndas zu den größeren Orten auf Sámos. Pagóndas ist ein recht wohlhabender Ort, seinen Wohlstand verdankt er der Olivenölproduktion, rund um den Ort befinden sich ausgedehnte Olivenhaine. So haben sich hier schon im letzten Jahrhundert viele Besitzer von Ölmühlen stattliche Herrenhäuser errichten lassen, so wie man sie sonst auf Sámos eigentlich nicht kennt. Heute haben sich die Einwohner zu kleinen Genossenschaften zusammengeschlossen, die die Produktion und den Verkauf des Olivenöls steuern, außerdem erleichtern moderne Ölmühlen die Arbeit ganz entscheidend. Deshalb ist Pagóndas auch heute noch völlig unabhängig vom Tourismus, die Besucher sind lediglich willkommene Gäste, und gerade dies macht den Ort so sympathisch. Für interessierte Besucher besteht die Möglichkeit, sich eine Ölmühle in Betrieb anzuschauen, und natürlich hat man reichlich Gelegenheit, wirklich erstklassiges Olivenöl käuflich zu erwerben (Die erste kalte Pressung ergibt immer das beste Olivenöl).
Die Wahrzeichen des Ortes sind die außergewöhnlich große zweitürmige Kuppelkirche und der schöne zentrale schattige Dorfplatz mit seinen Kafenía. Hier läßt es sich besonders gut aushalten.
Ein kleines Volkskundemuseum lädt ebenfalls zu einem Besuch ein, hier wird ein Überblick über die alten Dorftraditionen und Trachten gegeben, ein kleines aber sehr liebevoll eingerichtetes Museum (Die Öffnungszeiten sind nur sehr sporadisch, man erfragt sie am besten im Ort).
Von Pagóndas aus gelangt man auf einer sehr schönen Wanderung um das Massiv des Oros Vournias herum zum Ort Spatharaíoi (→*dort*). Auf diesem Weg kann man immer wieder großartige Ausblicke auf die Südküste genießen. In Pagóndas gibt es alle Einrichtungen des öffentlichen Lebens, die **Tavernen und Kafenía** konzentrieren sich um den schönen Dorfplatz herum, sie sind alle zu empfehlen.
Unterkunftsmöglichkeiten gibt es in einer kleineren Pension und in mehreren Privatzimmern.

Pagóndas hat im Sommer 2 x täglich, im Winter nur 1 x wöchentlich **Linienbusverbindung** mit Sámos-Stadt.

Palaiókastro (Sámos)

Palaiókastro ist ein kleiner Ort, nur 3 km südöstlich von Sámos-Stadt, hier beginnt die Straße zum Possidónio-Strand. Obwohl abseits der Hauptstraße gelegen, haben sich die Bewohner des Ortes schon sehr auf den Tourismus eingestellt.

Im Ort gibt es eine kleine Platía mit mehreren an ihr gelegenen Tavernen, empfehlenswert ist die etwas oberhalb des Platzes liegende Taverne. Ansonsten ist Palaiókastro eher ein unscheinbarer Ort ohne nennenswerte Ausstrahlung.

Panagías Kótsika (Sámos)

Das Kloster Panagías Kótsika liegt nördlich von Sámos-Stadt am gleichnamigen Kap. Es ist unbewohnt und zeigt schon Spuren des äußeren und inneren Verfalls. Malerisch ist jedoch seine Lage oberhalb des Meeres mit den kleinen, offenen und von uralten Bäumen umgebenen Höfen. Sehr schön läßt sich hier der Sonnenuntergang genießen. Vom Kloster aus erreicht man auf einer unbefestigten Straße nach 4 km das kleine Fischerdörfchen Agía Paraskeví (→*dort*).

Pándroson (Sámos)

Pándroson ist ein kleines Dörfchen am Fuße des Karvoúni-Massivs. Von hier aus haben geübte Bergsteiger die Möglichkeit, in einer Tagestour das 1153 m hohe Massiv zu besteigen und sogar eventuell auf der anderen Seite zur Nordküste herabzusteigen. Diese Tour erfordert allerdings genügend Kondition und sollte am besten nicht ohne Führer unternommen werden, da man völlig menschenleeres und unwegsames Gelände durchquert. Für diese Bergwanderung sollte man mindestens 6-8 Stunden einplanen.

Pensionen →*Unterkünfte*

Perdíki (Ikaría)

Perdíki ist eines jener typischen Piratenschutzdörfer, wie sie auf Ikaría überall im Mittelalter entstanden sind. Da es auf gut ausgebauter Straße von Ágios Kírykos zu erreichen ist, sollte man dem Dorf ruhig einen Besuch abstatten. Die charakteristischen Häuser des Dorfes sind fast alle im 16. Jh. entstanden,

zu jener Zeit also, als fast alle Inseln der Ägäis immer wieder von Piraten bedroht wurden. Daher sind die Häuser alle aus Natursteinen und umgeben von einem Schutzwall, lediglich das Naturschieferdach läßt von außen erkennen, daß es sich um Häuser handelt. Zusätzlich waren die Häuser noch von Baum- und Buschgruppen umgeben, so daß man sie vom Meer her nicht vom übrigen Gelände unterscheiden konnte.
Fast ein Jahrhundert lang lebten die Bewohner auf Ikaría infolgedessen ,,unsichtbar", denn zu jener Zeit galt die Insel als unbewohnt.
Perdíki hat diesen Teil der Inselgeschichte bis zum heutigen Tag hervorragend konserviert, allerdings nicht als Museum, sondern viel lebendiger, da die Bewohner immer noch in diesen Häusern leben.
Verkehrsmäßig läßt sich der Ort mit dem Linienbus, der von Ágios Kírykos nach Evdilos fährt, erreichen, indem man an der Straßengabelung aussteigt und den letzten Kilometer zu Fuß geht.
Der Ort verfügt über keinerlei Unterkunftsmöglichkeiten.

Períptero

Genauso wie das Kafenío ist auch der griechische Kiosk (Períptero) nicht aus dem Straßenbild wegzudenken. Er ist mehr als nur ein Kiosk, er ist ein kleiner Supermarkt für sich, neben den Zigaretten und Zeitschriften gibt es hier auch noch diverse andere Artikel des täglichen Bedarfs bis hin zum Klopapier. Meist sind die Períptera bis spät in die Nacht hinein geöffnet und dann oft die einzige Einkaufsmöglichkeit.
Man kann außerdem von fast jedem Kiosk aus telefonieren, und das ist nur geringfügig teurer als beim OTE. Die roten Telefone sind ausschließlich für Ortsgespräche oder regional begrenzte Gespräche bestimmt, während man von den grauen Telefonen aus auch internationale Gespräche führen kann (erstaunlicherweise kommen hier manchmal die Verbindungen besser und schneller zustande als beim Telefonamt).

Pflanzen

Sowohl auf Sámos als auch auf Ikaría herrscht eine überaus üppige Vegetation vor, was schon an den für beide Inseln ausgesprochen dichten Wäldern erkennbar ist. Diese Wälder werden vor allem durch die zahlreichen Kiefernarten und Zypressen bestimmt.
Große Flächen, vor allem auf Sámos, sind übersät mit Olivenbäumen und Zitrusbäumen.

Besonders zu Beginn des Frühjahrs zeigen beide Inseln ihr wohl schönstes Gesicht, denn dann sind die Wiesen saftiggrün und gesprenkelt mit rotem Mohn, weißen Margariten und purpurfarbenen Anemonen. Auch Hibiskus, Oleander und Jasmin zeigen sich zu dieser Zeit in ihrer vollen Pracht. In den höheren Bergtälern beider Inseln klettert wilder Efeu an den Bäumen hoch.
Vor allem auf Sámos gibt es eine Reihe von besonders schönen wilden Orchideen, die man auf seinen Wanderungen ebenfalls entdecken kann (einige von ihnen sollen angeblich nur auf Sámos vorkommen).
Die wichtigsten Bäume des Waldes auf den Inseln sind:
Strandkiefer (Pinus maritima): Sie ist hochwüchsig und hat eine rissige rotbraune Rinde. Das aus ihr gewonnene Harz wird dem berühmten Retsína (griechischer Wein) als Konservierungsmittel zugesetzt, ein Verfahren, das schon in der Antike bekannt war und dem Retsína seinen typischen, unnachahmlichen Geschmack verleiht.
Aleppokiefer (Pinus halepensis): Die Aleppokiefer hat breit ausladende Zweige und rötlich-braune Rinde, ihr Holz wurde in der Antike überwiegend zum Schiffsbau benutzt, findet heute jedoch nur noch als Bauholz Verwendung.
Schwarzkiefer (Pinus nigra): Die Schwarzkiefer ist hochstämmig und an ihrer schwarzgrauen, rissigen Rinde zu erkennen.
Schirmpinie (Pinus pinea L): Schirmartig ausladende Zweige und graubraune Rinde kennzeichnen die Schirmpinie, die ursprünglich aus Italien stammt und meist einzeln oder in lichten Gruppen steht.
Mittelmeerzypresse (Cypressus sempervirens): Diese Zypressenart wächst in Einzelstellung säulenförmig, sonst mit weit ausladenden Ästen. Es handelt sich um eine Baumart, die in Griechenland schon sehr früh kultiviert wurde. Sie wird auch oft auf Friedhöfen oder in der Nähe von Kirchen oder Klöstern angepflanzt, da sie als Symbol der unbändigen Lebenskraft gilt und mehrere hundert Jahre alt werden kann.

Platanákia (Sámos)

Platanákia ist ein kleiner, unbedeutender Weiler an der Küstenstraße von Sámos-Stadt nach Karlóbasi. Jedoch gibt es im Ort zwei Tavernen, wo man sich eventuell die Wartezeit auf den nächsten Bus verkürzen kann.
Hier zweigt auch die Stichstraße zum Bergdörfchen Manolátes (→*dort*) und zum Valeondádes, dem Tal der Nachtigallen (→*dort*), ab.

Plátanos (Sámos)

Die Bewohner des kleinen Dorfes Plátanos leben immer noch überwiegend vom Weinanbau, rund um das Dorf sieht man überall ausgedehnte Weinfelder. Der Ort liegt etwa auf halber Strecke zwischen der Südküste und Karlóbasi an der Nordküste und ist über eine gut ausgebaute Stichstraße zu erreichen.

Sehr sehenswert ist auf jeden Fall der schöne Dorfplatz mit den beiden uralten Platanen. Außerdem steht hier noch ein alter Dorfbrunnen aus dem Jahre 1837.

Plátanos / **Praktische Informationen**

Essen und Trinken: Am Dorfplatz befinden sich mehrere einfache, aber sehr schöne Tavernen, die alle recht preiswerte Gerichte anbieten.

Unterkunft

Unterkunftsmöglichkeiten bestehen in einer kleinen Pension und in einigen Privatzimmern.

Verkehrsverbindung: Plátanos hat 2 x täglich Busverbindung mit Sámos-Stadt, Karlóbasi und Pythagóreion, allerdings hält der Bus an der Kreuzung der Hauptstraße, die restlichen 3 km bis zum Ort muß man zu Fuß gehen.

Polizei →*Kriminalität, jeweilige Ortschaften*

Possidónio (Sámos)

Possidónio ist ein winziger Weiler mit gleichnamigem Strand ganz im Südosten der Insel gelegen. Zwar handelt es sich nur um einen Kiesstrand, dafür ist er aber recht schattig durch viele am Ufer stehende Tamarisken. Vor hier aus hat man einen wunderschönen Blick auf das gegenüberliegende kleinasiatische Festland mit der Halbinsel Mykale.

Am Strand gibt es zwei recht gute Tavernen, einige Zimmer werden sogar vermietet. Vor allem abends, wenn die Ausflügler wieder weg sind, ist man hier mit wenigen Besuchern ganz unter sich.

Man ist auf Taxi, Moped oder Mietwagen angewiesen. Auf dem Weg dorthin zweigt 3 km vor dem Strand ein kleiner Weg zur Bucht von Korvéli ab, wo ein kleiner Kiesstrand mit einer Taverne liegt.

Post

Postämter gibt es nahezu in jedem Dorf auf Sámos und Ikaría, über sie wird der gesamte Brief- und Paketverkehr abgewickelt. Hierhin kann man sich auch postlagernde Sendungen schicken oder auch telegrafisch Geld überweisen lassen (Höchstsumme pro Überweisung 7000 DM). Von einem Postsparbuch Geld abzuheben, ist auf griechischen Postämtern nicht möglich. Allerdings besteht in kleinen Ortschaften oder auf sehr abgelegenen Inseln in der Post die Möglichkeit zum Geldumtausch (auch mit Euroschecks).

Die Öffnungszeiten der Postämter sind manchmal recht unterschiedlich, man erkundigt sich am besten vor Ort danach.

Grundsätzlich ist das Telefonieren vom Postamt aus nicht möglich, dafür ist in Griechenland eine andere, eigenständige Organisation (OTE) zuständig (→*Telefonieren*). Doch es kann vorkommen, daß kleine Postämter beides in einem Raum vereinigen, man also auch dort telefonieren kann. Ebenfalls von den meisten Kiosken aus (→*Períptero*) ist Telefonieren möglich.

Potámi (Sámos)

Der Ort Potámi verfügt über eine gleichnamige Bucht mit schönem Kies- und Sandstrand. Die Bucht liegt ca. 2 km westlich von Karlóbasi und ist von daher der bevorzugte Badestrand des Ortes.

Am Strand befinden sich Tavernen und auch eine Diskothek. Im Sommer besteht ab Karlóbasi sogar regelmäßig Busverbindung mit einem Zubringerbus zum Strand.

Für kunsthistorisch interessierte Besucher empfiehlt sich ein kurzer Spaziergang zur kleinen Kirche Panagía tou Potámi, deren Entstehung angeblich bis ins 6. Jh. zurückgeht und die im 11. Jh. erneuert wurde. Diese Kirche steht nur wenige Meter abseits des Strandes und ist die älteste Kirche von Sámos.

Potokáki (Sámos)

Potokáki wäre ein unbedeutender Ort, wenn hier nicht als Ausläufer von Pythagóreion zahlreiche Hotels ständen. Der Ort bietet ansonsten nichts Reizvolles, es sein denn, man empfindet die Tatsache, daß sich der Flughafen und die Einflugschneise in unmittelbarer Nähe befinden, als reizvoll.

Von hier aus erstrecken sich in südwestlicher Richtung bis zum 6 km entfernten Dörfchen Iraíon (→*dort*) einige sehr schöne Sand- und Kiesstrände.

Pýrgos (Sámos)

Potokáki / **Praktische Informationen**
Unterkunft
Unterkunftsmöglichkeiten z. B. in den Hotels ,,Hydrele Beach", DZ ca. 60 DM, Tel. 02 73/6 15 41, ,,Les Tamaris", DZ ca. 50 DM, Tel. 02 73/6 13 39, ,,Penelope", DZ ca. 40 DM, Tel. 02 73/6 16 01, ,,Potokáki", DZ ca. 45 DM, Tel. 02 73/6 13 39.
Verkehrsverbindung: In der Hauptsaison gibt es einen Pendelbusverkehr mit Pythagóreion.

Preise
Alle hier angegebenen Preise sind DM-Preise bei einem Umrechnungskurs von 1 DM = 95 Drachmen (1990).
Zu bedenken ist allerdings, daß in Griechenland die Inflation recht zügig voranschreitet, das Verhältnis DM/Dr. dabei aber recht konstant bleibt.
→*Einkaufen*

Psilí Ámmos (Sámos)
Dieser Strand mit dem Namen Psilí Ámmos im Südosten der Insel gehört sicherlich zu den bekanntesten, aber auch schönsten Stränden von Sámos. Sein Bekanntheitsgrad trägt natürlich dazu bei, daß vor allem im Hochsommer hier eine ganze Menge los ist. Trotzdem, empfehlenswert ist dieser Strand immer noch, er ist ca. 300 m lang und aus feinem Sand, außerdem besonders kinderfreundlich, weil er recht flach ins Wasser geht.
Besonders schön ist das Panorama hier, nur gut 2 km entfernt und doch zum Greifen nahe liegen die Berge der türkischen Küste.
Am Strand gibt es mehrere Tavernen, alle bieten auch guten frischen Fisch an.
Im Sommer fahren regelmäßig mindestens 3 x täglich Pendelbusse von Sámos-Stadt zum Strand, des weiteren gibt es Badeboote von Pythagóreion aus (→*dort*).
Tip: In unmittelbarer Nähe des Strandes befindet sich eine alte Saline, von November bis Juni besiedeln wilde Flamingoscharen diesen See sowie zahlreiche andere Amphibien. Das Vorkommen von Flamingos ist auf einer griechischen Insel äußerst ungewöhnlich.

Pýrgos (Sámos)
Der Ort Pýrgos liegt etwa auf halber Strecke zwischen Pythagóreion und Karlóbasi an der Hauptstraße.

Es ist ein recht unbedeutendes Dorf, die meisten Bewohner leben hier von der Landwirtschaft, besonders Nüsse und Sauerkirschen werden in dieser Gegend angebaut.

Das Gebiet westlich von Pýrgos wurde leider vor einigen Jahren von verheerenden Waldbränden heimgesucht, nur mühselig erholt sich hier die Natur von dieser schweren Katastrophe.

Pýrgos / **Praktische Informationen**

Ausflüge: Von Pýrgos aus hat man die Möglichkeit, nach Norden über Mesógi nach Pándroson zu gelangen (→*dort*) und von dort aus das Karvoúni-Massiv zu besteigen.

Nach Süden hin gelangt man zu dem Dörfchen Spatharaíoi (→*dort*) und weiter über sehr schlechte Wege hinunter zur Südküste.

Essen und Trinken: In Pýrgos empfiehlt sich die Taverne ,,Stamia'' für eine Rast, hier werden gute Grillgerichte angeboten.

Verkehrsverbindung: Pýrgos hat 2-3 x täglich Linienbusverbindung mit Sámos-Stadt.

Pýrgos Sarakíni (Sámos)

Der Pýrgos Sarakíni ist der einzige noch bewohnte Wehrturm von Sámos und stammt aus dem Jahre 1577. Es ist ein dreigeschossiger, mit Zinnen versehener Turm, der den Bewohnern damals die Gelegenheit bot, sich über einen längeren Zeitraum gegen Angreifer wehren zu können. Der ursprüngliche Eingang des Turmes lag damals sogar im ersten Stock, bei Gefahr wurde einfach die Leiter eingeholt. In etwa vergleichbar ist der Turm mit den vielen Turmhäusern auf der Halbinsel Máni auf dem Peloponnes.

Der Turm mit den Ländereien gehört heute dem Johannes-Kloster auf Pátmos und wird von einem Mönch bewohnt und verwaltet.

Zu erreichen ist der Turm vom Küstenort Iraíon an der Südküste über einen 2 km landeinwärts führenden Schotterweg. Neben dem Turm steht noch eine kleine weiße Kapelle, die vermutlich aus dem 17. Jh. stammt.

Pythagóreion (Sámos)

Der an der Südküste der Insel Sámos gelegene kleine Ort Pythagóreion zählt mit Sicherheit zu den interessantesten und reizvollsten Orten der Insel. Zwar ist er vor allem im Hochsommer brechend voll, denn aufgrund seiner vielen

Sehenswürdigkeiten ist er *das* Touristenzentrum der Insel schlechthin, doch trotzdem besitzt Pythagóreion immer noch sehr viel Atmosphäre und ist als Standquartier für Ausflüge im Süden der Insel durchaus zu empfehlen.
Der idyllische Ort liegt in einer weit geschwungenen Bucht. Noch viele alte samiotische Häuser prägen Pythagóreion. An der Hafenpromenade reihen sich Tavernen, Cafés und Souvenirläden aneinander.
Alles ist hier sehr stark auf Tourismus ausgerichtet, doch trotzdem kann man sich hier wohlfühlen.
Im Grunde ist Pythagóreion die heimliche Hauptstadt der Insel, denn der Ort ist an der Stelle der antiken Stadt Sámos erbaut worden.
Oleandergesäumte, gepflasterte Straßen durchziehen den Ort, sie alle führen zum Hafen, der gleichzeitig das Zentrum von Pythagóreion ist.
Wunderschön kann man hier sitzen und dem Treiben zuschauen. Im Hintergrund, nur 7 km entfernt, erheben sich die Berge der türkischen Küste als eine grandiose Kulisse.

Pythagóreion / **Geschichte**

In der Antike wurde der Ort durch das Wirken des Polykrates geprägt (→*Geschichte/Sámos*), der hier einige großartige Bauwerke anlegte, die später sogar in der damaligen Welt zu den Sieben Weltwundern gezählt wurden. Ausgrabungen des Deutschen Archäologischen Instituts haben gezeigt, daß der Hügel, auf dem die antike Akropolis der Stadt lag, schon seit etwa 3000 v. Chr. bewohnt gewesen sein muß.
Der Tyrann Polykrates baute den Ort, der damals übrigens noch Sámos hieß, zur Hauptstadt der Insel aus (im 6. Jh. v. Chr.). Zur damaligen Blütezeit gehörte diese Stadt mit zu den reichsten und bedeutendsten Städten in ganz Griechenland, viele berühmte Künstler, Naturwissenschaftler und Philosophen wurden in diese Stadt gezogen.
Den Namen Sámos behielt der Ort über viele Jahrhunderte der Wirren und des ständigen Auf und Abs bis zum 15. Jh. n. Chr. bei. Erst nach der Neubesiedlung des Ortes im 16. Jh. wurde er von den Einwohnern umgetauft in Tigáni (was soviel wie Pfanne bedeutet und sich wohl auf die geografische Lage des Ortes beziehen). Diesen Namen behielt der Ort bis zum Jahre 1955 bei, dann wurde er in Pythagóreion umgetauft, nach dem bekanntesten Sohn der Stadt, nämlich Pythágoras.
(Wer sich gerne mit der Geschichte der Antike von Sámos und von Pythagóreion auseinandersetzen möchte, dem seien die Werke des griechischen Geschichtsschreibers Herodot empfohlen, der viele Jahre auf Sámos lebte, hier besonders die Historien III).

Pythagóreion / Sehenswürdigkeiten

Der Ort und die nähere Umgebung weisen eine besondere Vielfalt an wirklich außergewöhnlichen Sehenswürdigkeiten auf, deshalb können hier auch nur die wichtigsten wiedergegeben werden:

Der **Eupalinos-Tunnel** ist als Wasserleitungstunnel nach den Plänen des damaligen Baumeisters Eupalinos von Megara zur Zeit des Polykrates angelegt worden und gilt als eines der größten technischen Werke des Altertums. Der Tunnel befindet sich oberhalb der Stadt und diente damals zum Zweck der Wasserversorgung der gesamten Stadt, die zu jener Zeit noch über 25 000 Einwohner zählte. So sollte das Wasser aus einer Quelle nahe beim Dörfchen Agiádes durch den Berg über 1000 m hinein in die Stadt geleitet werden. Wenn man sich überlegt, welche technischen Hilfsmittel damals zur Verfügung standen, ist dieses technische Meisterwerk fast unglaublich, denn der gesamte Tunnel wurde nach nur fünfeinhalbjähriger Bauzeit fertiggestellt. Die gesamte Anlage besteht aus einem über 800 m langen unterirdischen Kanal, der das Quellwasser zum Tunneleingang leitet, dann aus dem 1047 m langen, 64 cm breiten und 1,80 m hohen Tunnel und schließlich noch aus dem Wasserversorgungssystem innerhalb der damaligen Stadt. Funktioniert hat das gesamte System bis in spätrömische Zeit hinein. Danach wurde der Tunnel von den Einwohnern des Ortes bei den ständigen Piratenüberfällen gerne als Fluchtburg benutzt, verfiel immer mehr und geriet schließlich fast in Vergessenheit. Wiederentdeckt wurde er dann 1853 von dem französischen Gelehrten Victor Guérin, der das Quellhaus fand. 1881/83 wurde der Tunnel von dem deutschen Historiker Ernst Fabrizius vermessen. Grundlegende Untersuchungen und eine Freiräumung des teilweise verschütteten Stollens erfolgten aber erst 1971.

Zur Zeit ist der Tunnel nur auf einer Länge von ca. 30 m begehbar. Die Öffnungszeiten sind meist von 10-13 Uhr an 3-4 Tagen in der Woche. (Die genauen Tage erfragt man am besten bei der EOT in Pythagóreion, da mit einem ständigen Wechsel zu rechnen ist.)

Die antike Stadtmauer samt Hafenbefestigung ist ebenfalls ein Werk aus der Zeit des Polykrates und von außergewöhnlichen Dimensionen. Dieser Befestigungsgürtel umgab die damalige Stadt des Polykrates auf einer Länge von ca. 6,5 km und umschloß ein Gebiet von fast 1,5 qkm. Vom Kastro (der Burg) aus ist der gesamte Befestigungsgürtel noch recht gut einsehbar. Zwar sind nur noch recht spärliche Überreste von diesem gewaltigen Bauwerk erhalten, doch auch sie genügen, um den Besucher heute noch in Erstaunen zu versetzen.

Pythagóreion (Sámos)

Um sich einmal die gewaltigen Ausmaße zu verdeutlichen, hier die genauen Maße: Länge der Landmauer 4000 m, Länge der Seemauer 1100 m, Länge der Hafenmauer fast 700 m, Länge der Quermauer 600 m. Zusätzlich gehörten zu dieser Anlage noch 35 Türme und 12 Tore, die Mauer war bis zu 4,5 m dick und weist heute noch stellenweise eine Höhe von 6 m auf.
Insgesamt umschließt die Mauer die östliche Hafenmole, den Hügel Kastélli, den Hügel Ámpelos und das Kloster Panagía Spilianí sowie den Hügel mit dem Kastro des Logothétes (→*dort*).

Das Heraheiligtum (Heraion) liegt ca. 6 km südwestlich von Pythagóreion in unmittelbarer Nähe des Flughafens.
Dieses Ausgrabungsgebiet ist eine weitere außergewöhnliche Sehenswürdigkeit von Sámos und auf jeden Fall einen Besuch wert. Hier stand in der Antike ein weiteres Weltwunder, denn der Hera-Tempel im Zentrum des Heiligtums galt als der größte Tempel des damaligen Griechenlands. Zwar mag der Besuch des Heraion auf den ersten Blick enttäuschend sein, die Ausgrabungen sind für den Laien nicht besonders spektakulär, doch wenn man sich etwas Zeit nimmt und mit der Geschichte der Insel befaßt, wird man feststellen, daß sich hier eine der ganz bedeutenden Kultstätten der Antike befunden hat.
Von dem großen Hera-Tempel ist nur noch eine einzige Säule zu sehen, aber schon diese Säule läßt die gewaltigen Dimensionen dieses Tempels anschaulich werden.
Die Länge des Tempels betrug 105 m, die Breite 52 m, die Säulenhöhe 18,5 m. Erbaut wurde er in den Jahren 570-540 v. Chr. von dem Baumeister Rhoikos. Doch schon zwei Jahre nach vollendeter Fertigstellung wurde der Tempel durch ein Feuer zerstört. Im Auftrag des Tyrannen Polykrates wurde dann ab 538 v. Chr. mit einem erneuten und veränderten Wiederaufbau des Tempels begonnen, doch wurde dieser Bau nie fertiggestellt. Zwar wurde noch bis ins 3. Jh. v. Chr. an diesem Tempel gearbeitet, doch die nachlassende Bedeutung der Insel und die ständigen Machtwechsel führten dazu, daß der Bau zusehends verfiel.
Darüber hinaus sind noch Überreste eines Aphroditi-Tempels, mehrerer Schatzhäuser und Brunnen zu besichtigen.
Die ersten größeren Ausgrabungen fanden hier um 1910 statt, seitdem wird mit Unterbrechungen kontinuierlich weitergegraben. 1976 wurde so auch der berühmte Koloß von Sámos gefunden, der sich jetzt im Museum von Sámos-Stadt befindet (→*dort*).
Öffnungszeiten des Heraion: Mo-Sa 8.30-16 Uhr, So 9.30-14.30 Uhr, Eintritt ca. 2 DM, Schüler ca. 1 DM. Die Öffnungszeiten können sich allerdings je nach Saison immer noch ein bißchen verschieben.

Die **Burg des Logothétes** befand sich auf dem kleinen Hügel oberhalb des Hafens. Obwohl erst in den Jahren 1822-1824 erbaut, ist sie schon wieder fast vollständig verfallen. Lykourgos Logothétes war zu jener Zeit einer der Anführer im samiotischen Freiheitskampf (→*Geschichte*) gegen die türkische Besatzung. Er ließ die Burg in aller Eile errichten. Es wird vermutet, daß sich an dieser Stelle auch der Palast des Tyrannen Polykrates befunden hat. Systematische Ausgrabungen haben hier noch nicht begonnen, doch wurden schon die Überreste einer römisch-hellenistischen Villa sowie diverse Statuen freigelegt. Und Keramikfunde beweisen, daß dieser Hügel bereits in prähistorischer Zeit besiedelt gewesen sein muß.

Aufgrund der guten strategischen Lage könnte man sich deshalb hier auch sehr gut den Palast des Polykrates vorstellen.

In unmittelbarer Nähe des bisherigen Ausgrabungsfeldes liegt beim Friedhof die **Kirche Metamorphósis**, die ebenfalls von Logothétes im Jahre 1833 erbaut wurde, zum Andenken an die Abwehr eines Türkenüberfalls am 6. August 1824. So ist die Kirche heute auf Sámos eine Art Nationalheiligtum. Jedes Jahr werden an diesem Tag rund um die Kirche und in ganz Pythagóreion Festlichkeiten begangen, an denen die Menschen aus allen Teilen der Insel teilnehmen.

Das **Kloster Spilianí**, das sich oberhalb von Pythagóreion befindet, ist auf einer kurzen Serpentinenstraße zu erreichen. Es liegt landschaftlich außerordentlich reizvoll, von der Klosterterrasse hat man eine großartige Aussicht auf Pythagóreion und Teile der Südküste der Insel.

Auf keinen Fall versäumen sollte man einen Besuch der unterirdischen Kapelle, die man vom Klosterinnern her betreten kann.

Zur Zeit wird das Kloster nur noch von einem älteren Ehepaar bewirtschaftet und verwaltet.

Etwas unterhalb des Klosters befindet sich das **Antike Theater** bzw. das, was von dem Theater übriggeblieben ist, denn die Überreste sind recht spärlich.

Am großen Hauptplatz in Pythagóreion, der natürlich von einem Pythágoras-Denkmal geschmückt wird, befindet sich das kleine **Archäologische Museum**, das Funde aus den Ausgrabungsgebieten um Pythagóreion herum enthält. (Bei meinem letzten Besuch war das Museum leider geschlossen!)

Pythagóreion / **Praktische Informationen**

Ärztliche Versorgung: Die ärztliche Versorgung in Pythagóreion ist ausreichend, es gibt mehrere englisch sprechende Ärzte am Ort. Ebenfalls befinden sich genügend Apotheken in der Stadt.

Pythagóreion (Sámos)

Autovermietung: Sowohl Auto- als auch Mopedverleiher gibt es mehrere im Ort, hier zwei Adressen:
InterRent, Od. L. Logotheti 65, Tel. 02 73/6 15 22.
Budget, Od. L. Logotheti, Tel. 02 73/6 11 16.
Preise: Moped ca. 20 DM/Tag, Motorrad ca. 30-40 DM/Tag, Auto ab 70 DM/Tag.
Bademöglichkeiten: Die Bademöglichkeiten um den Ort herum sind sehr zahlreich, vor allem, wenn man eine kleinere Wegstrecke in Kauf nimmt. Der Hauptbadestrand beginnt westlich des Ortes und zieht sich als kilometerlanger Kies-Sandstrand um die Tiganiou-Bucht. Er ist allerdings im Hochsommer recht belebt, zudem liegt er exakt in der Einflugschneise des Flughafens, also nicht besonders ruhig.
An der Ostseite des Hafens befindet sich ein kleiner Strand, durch den Hafen ist er aber nicht immer sehr sauber.
Die schöneren Strände liegen auf jeden Fall weiter östlich, z. B. Psilí Ámmos (→*dort*) und Possidónio (→*dort*).
Banken: Es gibt im Ort eine Zweigstelle der National Bank of Greece in der Od. Logotheti (Öffnungszeiten Mo-Fr 8.30-13.30 Uhr).
Geldumtausch ist in der Regel in den Reiseagenturen im Ort möglich.
Essen und Trinken: Hier hat sich in den letzten Jahren sehr viel verändert, die einfache griechische Taverne gibt es nicht mehr. Alle Restaurants besitzen einen Hauch von internationaler Exklusivität, dementsprechend ist leider auch das Preisniveau.
Die meisten Restaurants befinden sich um den Hafen herum an der Uferstraße, zwar sitzt man hier sehr schön, doch ist es zur Hochsaison mehr als voll. Insofern ist es auch äußerst schwierig, Empfehlungen auszusprechen, am ehesten zu empfehlen ist hier noch die Taverne ,,To Akrogiali", am kleinen Strand des Ortes gelegen, die gute Grillgerichte bei akzeptablen Preisen anbietet.
Unterhaltung / Nachtleben: Vor allem außerhalb des Ortes in westlicher Richtung bei den großen Hotels findet man etliche Diskotheken, für jeden Geschmack ist sicherlich das Richtige dabei.

Unterkunft
Auch hier ist das Angebot sehr reichhaltig, deshalb ein paar Empfehlungen:
Hotel ,,Doryssa-Bay" liegt in westlicher Richtung in der Nähe des Flughafens, hat über 300 Betten und ist fast das teuerste Hotel, DZ ca. 120-150 DM, Tel. 02 73/6 13 60.
Hotel ,,Polixeni" liegt an der Uferpromenade, ein sehr empfehlenswertes Haus, DZ ca. 45 DM, Tel. 02 73/6 13 59.
Hotel ,,Astyanax", DZ ca. 50 DM, Tel. 02 73/6 14 67.
Hotel ,,Acropole" liegt ebenfalls recht zentral, DZ ca. 40 DM, Tel. 02 73/6 12 61.

Hotel „Tarsanas", DZ ca. 40 DM, Tel. 02 73/6 11 62, recht ruhige Lage am Dorfrand.
Hotel „Dolphin", DZ ca. 35 DM, Tel. 02 73/6 12 05.
Hotel „Dryousa", liegt ruhig in einer Seitenstraße, schöne Zimmer, DZ ca. 40 DM.
Hotel „Pythágoras", DZ ca. 40 DM, Tel. 02 73/6 13 73.
Hotel „Hera", DZ ca. 35 DM, Tel. 02 73/6 14 28.
Hotel „Polycrates", DZ ca. 35 DM, Tel. 02 73/6 13 98.
Hotel „Fyllis", schöne Zimmer, aber etwas laut, DZ ca. 40 DM, Tel. 02 73/6 12 96.
Des weiteren werden im Ort noch eine Reihe von Privatzimmern vermietet, bei der Vermittlung hilft die Touristen-Polizei (→*Wichtige Adressen*) weiter. Für ein privates DZ muß man mit durchschnittlich 25-35 DM rechnen.

Verkehrsverbindungen: Die *Busverbindungen* zwischen Pythagóreion und Sámos-Stadt sind außerordentlich gut, im Winter mindestens 5 x täglich Busverbindung, im Sommer fast stündliche Verbindung.
Von Pythagóreion aus bestehen auch sehr gute *Schiffsverbindungen* zu allen Inseln des Dodekanes. Die Fähren nach Piräus laufen ausschließlich über Sámos-Stadt und Karlóbasi an der Nordküste. Die Fähre nach Rhodos fährt 1 x wöchentlich (zur Zeit am Dienstag) ab, läuft alle Inseln des Dodekanes an, auch die kleinsten und braucht daher für die Strecke Sámos-Rhodos fast 20 Stunden. Des weiteren besteht mindestens 3 x wöchentlich Verbindung zwischen Pythagóreion und Léros (Fahrtzeit ca. 7 Stunden).
Diese angegebenen Linien fahren ganzjährig. Zusätzlich gibt es in der Hauptsaison noch Ausflugsverkehr nach Pátmos und zur kleinen Insel Samiopoúla (→*dort*) sowie nach Kuşadasi (→*dort*) in die Türkei.
Darüber hinaus verbinden kleinere Kaïka (Boote) Pythagóreion mit den schönsten Stränden an der Südküste der Insel, ein allerdings nicht ganz billiges Vergnügen. Preisbeispiele für die Dodekanes-Fähren: Pythagóreion-Rhodos ca. 50 DM, Pythagóreion-Léros ca. 15 DM, Pythagóreion-Kos ca. 20 DM.

Wichtige Adressen
Post: befindet sich direkt an der Uferstraße.
Touristen-Polizei: befindet sich in der Od. Logotheti.
Bank: befindet sich ebenfalls in der Od. Logotheti.

Reiseapotheke

Da die Apotheken zumindest auf Sámos gut sortiert und auch in ausreichender Anzahl vorhanden sind, sollten nur die notwendigsten oder sehr spezielle Medikamente mitgenommen werden (z. B. Medikamente gegen Durchfall

für Kleinkinder etc.). Empfehlenswert ist es auf jeden Fall, sich vor der Urlaubsreise vom Hausarzt eine Liste mit eventuell benötigten Medikamenten aufstellen zu lassen. Mit Hilfe dieser Liste kann man im Bedarfsfall das richtige Medikament in der Apotheke auf Sámos oder Ikaría bekommen.
→*Ärztliche Versorgung, Medikamente*

Reisen auf und zwischen den Inseln
Mit dem Flugzeug
Einen Flughafen besitzt nur die Insel Sámos, er liegt nahe der Ortschaft Pythagóreion an der Südküste der Insel (→*dort*). Neben den vielen Chartermaschinen, die vor allem im Sommer die Insel anfliegen, starten von hier aus Maschinen der Olympic-Airways zu einigen anderen griechischen Flughäfen (Athen, Chíos, Lésbos, Mykonos).
Allerdings ist der Flughafen von Sámos bei weitem nicht so stark frequentiert wie z. B. die Flughäfen der Inseln Kos oder Rhodos.
Mit dem Auto
Ein Auto ist auf Sámos sicherlich ganz nützlich, auf Ikaría nicht unbedingt notwendig. Der größte Teil der Hauptstraßen auf Sámos ist zwar asphaltiert und man kann das Straßennetz als zufriedenstellend bezeichnen, doch läßt sich auch 1 fast jeder Ort der Insel mit dem Linienbus erreichen, so daß man gut auf das Auto verzichten kann. Vor allem die Straßen im Westteil der Insel und auch einige Stichstraßen sind in einem recht miserablen Zustand, so daß hier äußerste Vorsicht geboten ist.
Auf Ikaría existieren eigentlich nur eine durchgehend asphaltierte Verbindung von der Südküste zur Nordküste, alle anderen Straßen sind Schotterpisten und äußerst schwierig zu befahren, folglich ist hier ein Auto weniger angebracht. Auf beiden Inseln besteht die Möglichkeit zum Moped- oder Motorrad-Verleih. Allerdings muß betont werden, daß die sehr kurvenreichen Straßen auf Ikaría die ganze Aufmerksamkeit des Fahrers erfordern, nicht selten muß mit Steinschlag gerechnet werden, der vor allem Zweiradfahrer in extrem gefährliche Situationen bringen kann. Auf Sámos ist das Moped oder Motorrad sicherlich eine recht geeignete Möglichkeit, die Insel zu erkunden. Doch auch hier erfordern die extrem kurvenreichen Straßen im Inselinneren hohe Konzentration.
Mit dem Bus
Das mit Abstand günstigste Verkehrsmittel auf beiden Inseln ist der Linienbus. Auf Sámos ist das öffentliche Linienbus-Netz hervorragend ausgebaut, die Busverbindungen sind gut. Es lassen sich quasi alle Ortschaften der In-

sel mit dem Linienbus erreichen. In den Wintermonaten kann es jedoch auch vorkommen, daß die Busfahrpläne mehr den Bedürfnissen der Einwohner angepaßt werden und sich nicht so sehr an den Ansprüchen der Urlauber orientieren.

Dann kann es auch geschehen, daß man die abgelegeneren Orte nicht in einem Tagesausflug besuchen kann, sondern eine Zwischenübernachtung einplanen muß.

Der zentrale Busbahnhof befindet sich in Sámos-Stadt (→dort), dort kann man die genauen Abfahrtszeiten der Busse erfragen. Die Fahrpreise für die Busse sind gemessen am deutschen Niveau immer noch recht niedrig.

Auf Ikaría ist die Busverbindung bei weitem nicht so gut wie auf Sámos. Der tägliche Linienbus befährt eigentlich nur die durchgehende Hauptstrecke der Insel von Ágios Kírykos an der Südküste nach Evdilos und Armenístis an der Nordküste.

Angeblich sollen auch die Dörfer im Zentrum der Insel im Gebirge bedient werden, doch war kein genauer Busfahrplan in Erfahrung zu bringen.

Auch auf Ikaría sind die Fahrpreise für die Busse recht günstig. Die zentrale Busstation befindet sich in Ágios Kírykos (→dort), hier können ebenfalls die Abfahrtszeiten der einzelnen Busse erfragt werden.

Mit dem Taxi

Wer vom Fahrplan der Busse völlig unabhängig sein möchte und sich keinen fahrbaren Untersatz mietet, der ist auf ein Taxi angewiesen. Auf Sámos existieren etliche Taxen, die Sie zu allen wichtigen Orten der Insel und zum Flughafen bringen.

Auch für Überlandfahrten werden die Taxen gerne in Anspruch genommen, und wenn man sich mit mehreren Personen einen Wagen teilt, wird die Fahrt unter Umständen nicht wesentlich teurer als mit dem Linienbus. Sie sollten aber auf jeden Fall vorher einen festen Preis mit dem Fahrer vereinbaren.

Außerdem ist es nicht nur hier, sondern in ganz Griechenland üblich, daß der Taxifahrer unterwegs noch Fahrgäste aufnimmt, wenn deren Fahrziel auf seiner Strecke liegt. Doch in diesem Fall teilen sich die Fahrgäste nicht den Preis, sondern jeder muß für seine Strecke den vollen Preis entrichten. Also merken Sie sich unbedingt beim Einsteigen den Stand des Taxameters, dann gibt es beim Bezahlen keine Komplikationen.

Auf Ikaría ist das Taxifahren zwar auch möglich, doch wesentlich teurer als auf Sámos, was wohl auch an den langen Strecken auf der Insel zwischen den einzelnen Orten liegt. So kostet die Strecke von Armenístis nach Ágios Kírykos weit über 50 DM.

Mit dem Schiff

Das wichtigste Verkehrsmittel, um beide Inseln zu erreichen, ist nach wie vor das Schiff. Ohne das unglaublich dichte Netz von Schiffsverbindungen wären nicht nur Sámos und Ikaría, sondern auch jede andere griechische Insel völlig isoliert. Die Schiffsverbindungen sind der Lebensnerv der einzelnen Inseln, da sie per Schiff mit Lebensmitteln etc. versorgt werden.

Besonders gut sind die Verbindungen von Sámos aus, von hier aus lassen sich sowohl die Kykladen und Piräus täglich, die Inseln des nördlichen Dodekanes (Pátmos) sowie Chíos und Lésbos fast täglich erreichen. Außerdem besteht die Möglichkeit, von Sámos aus mit dem Schiff nach Kuşadasi in die Türkei zu fahren. Die Schiffspreise und Fahrpläne sowie genauere Informationen erhält man in Sámos-Stadt bei der EOT-Touristenorganisation oder beim Hafenamt in Sámos-Stadt (→*dort*).

Tickets für die Schiffe bekommt man in einer der vielen Reiseagenturen in Sámos-Stadt, Pythagóreion oder Karlóbasi oder aber auch direkt auf dem Schiff. Man kann also unbesorgt die Schiffe auch ohne Tickets betreten und die Fahrkarte dann dort nachlösen.

Die Schiffsverbindungen von Ikaría aus sind nicht so vielfältig, einerseits besteht tägliche Verbindung mit Sámos, andererseits tägliche Verbindung mit Piräus. Es gibt nur vereinzelte Querverbindungen, die wichtigste ist die tägliche Kaikiverbindung zu der Gruppe der Foúrnoi-Inseln von Ágios Kírykos aus (→*dort*).

Gewöhnlich besteht auf griechischen Schiffen eine Einteilung in vier Klassen: 1. Klasse, 2. Klasse, Touristenklasse und 3. Klasse. Die 1. und 2. Klasse beinhalten auch Kabinenbenutzung, für Passagiere der Touristenklasse stehen Pullmansessel zur Verfügung, während in der 3. Klasse nur das offene Deck freigegeben ist. Doch in der Regel dürfen die Passagiere der 3. Klasse nach der Fahrscheinkontrolle auch die Einrichtungen der Touristenklasse mitbenutzen, manchmal zahlt man auch für Touristenklasse und 3. Klasse den gleichen Fahrpreis. Da die Fahrt z. B. von Piräus nach Sámos ca. 12 Stunden dauert und tagsüber stattfindet, ist in der Regel auch die 3. Klasse völlig ausreichend.

Reisezeit →*Klima*

Religion

Fast 97 % der Bevölkerung gehören der griechisch-orthodoxen Kirche an, der Rest verteilt sich auf andere Glaubensrichtungen wie Judentum, Katholizismus etc. Daher spielt die griechisch-orthodoxe Kirche im Leben der Griechen

eine entscheidende Rolle, ihre gesellschaftliche Stellung ist unangetastet, der Papás ist allgegenwärtig. So sind es auch die kirchlichen Feste, die noch immer die bedeutendsten Feiertage in Griechenland sind, allen voran das Osterfest und der 15. August (Mariä Entschlafung).
Doch selbst an weltlichen Feiertagen schreitet oft noch der Papás in der ersten Reihe mit, wenn es um Kranzniederlegungen oder die Ehrung der Toten des Zweiten Weltkrieges geht.
Gerade im ländlichen Bereich prägt die Kirche ganz wesentlich das Bild, das der Reisende von Griechenland gewinnt, und im Grunde sind sowohl Sámos als — in noch höherem Maße — auch Ikaría sehr ländlich strukturiert.
Es gibt hier wohl kaum jemanden, der nicht kirchlich heiratet oder zumindest regelmäßig den Gottesdienst besucht.
Immer wieder sieht man alte Menschen, die sich bekreuzigen, weil der Bus, in dem sie sitzen, gerade an einer Kirche vorbeifährt.
Wenn Sie die Möglichkeit haben, eine Kirche zu betreten, werden Sie sehr schnell bemerken, daß Sie sich im Bereich einer anderen christlichen Kirche aufhalten, eben der orthodoxen, oder wie sie offiziell heißt, der orthodoxen katholischen und apostolischen Kirche des Ostens.
Der Gottesdienst, an dem auch interessierte Besucher teilnehmen können, unterscheidet sich in vielem von dem anderer Kirchen. Seine Riten sind uralt, Wechselgesänge bestimmen den akustischen Eindruck.
Die Predigt spielt in der Orthodoxie nur eine ganz untergeordnete Rolle, der Gottesdienst findet weniger für die Gläubigen als vielmehr zum Ergötzen des Himmlischen statt.
Irgendjemand schrieb mal ,,Wer die Liturgie mitfeiert, wird in diese Realität einbezogen und aufgenommen und kann so die Welt hinter sich lassen ... Je mysteriöser die Liturgie, desto sicherer ist, daß sie nicht von dieser Welt ist. Besucher, die den Gottesdienst in griechischen Kirchen als altertümlich und fremdartig erleben, müssen verstehen lernen, daß das Mysterium das Lebenselement dieser Religiosität ist''.
Dem ist nichts mehr hinzuzufügen, erst wer die griechische Kirche verstanden hat, versteht auch Griechenland und seine Bewohner.
Weitere Unterschiede zur katholischen Kirche bestehen u. a. darin, daß in der Orthodoxie der Beichte kaum Bedeutung zukommt (man findet keine Beichtstühle in den Kirchen) und daß noch der Julianische und nicht der Gregorianische Kalender seine Gültigkeit hat. Darum liegen die beweglichen Kirchenfeste häufig auch anders als bei uns, vor allem das Oster- und Pfingstfest, welche nur alle paar Jahre mit unseren Festen übereinstimmen. 1990 war dies der Fall!

Zuletzt seien noch einige Unterschiede in der Glaubenslehre genannt: Für den orthodoxen Christen gibt es kein Fegefeuer, und für ihn geht der Heilige Geist nur von Gottvater und nicht von Gottsohn aus. Da die Oberhoheit des Papstes nicht anerkannt wird, gilt er natürlich auch nicht als unfehlbar in Glaubenssätzen.

Restaurants →*Essen und Trinken, jeweilige Ortschaften*

Samiopoúla (Ausflug)

Das kleine Inselchen Samiopoúla, das der Südküste von Sámos vorgelagert ist, wird als Ausflugsziel sowohl von Pythagóreion als auch gelegentlich von Órmos Marathokámpou aus angeboten (→*dort*).
Wem Einsamkeit und Stille nichts ausmachen und wer etwas mit sich selbst anfangen kann, dem bietet sich auf dem Inselchen sogar eine Übernachtungsmöglichkeit.
Bis zum Zweiten Weltkrieg stand hier ein Kloster, jetzt erinnert nur noch die kleine Kirche daran. Die übrigen drei Häuser mit insgesamt vielleicht 10 Betten werden an Urlauber vermietet.
Auf jeden Fall verfügt die Insel im Westen über eine wunderschöne kleine Badebucht mit feinstem Sand. Hier geht es besonders seicht ins Wasser hinein. Selbst in der Hochsaison halten sich hier nie mehr als 20-30 Menschen auf. Die Familie, die die Zimmer vermietet, kocht auch für die wenigen Gäste, etwas Gemüse wird selbst angebaut. Fleisch liefert die kleine Schafs- und Ziegenherde.
Voranmeldung für eine **Unterkunft** ist sehr zu empfehlen (über die Touristeninformation in Pythagóreion), da wie gesagt nur wenige Zimmer zur Verfügung stehen.
Verkehrsverbindung besteht täglich mit einem Kaiki nach Pythagóreion und zurück sowie gelegentlich auch mit Órmos Marathokámpou. Die Überfahrt dauert ca. 1,5 Stunden.

Sámos-Stadt (Vathy)

Sámos-Stadt ist mit fast 8000 Einwohnern größter Ort der Insel und zugleich ihr Verwaltungszentrum.
In älteren Aufzeichnungen wird Sámos-Stadt oft noch mit ,,Vathy" bezeichnet, so heißt der älteste Stadtteil, er ist aber im Laufe der letzten Jahre mit der Neustadt zusammengewachsen.

Auch heute noch ist Vathy der schönste Teil von Sámos-Stadt, viele kleine reizvolle Treppengassen durchziehen den Stadtteil. Er bildet einen wohltuenden Kontrast zu der Neustadt, die nicht sonderlich attraktiv ist.

Schön ist die geographische Lage des Ortes, in einer tiefen Bucht wird er von bewaldeten Hügeln umgeben.

Sámos-Stadt ist seit 1834 Hauptstadt der Insel. Es ist ein echt griechischer Ort, mit viel Hektik und Trubel und all den Vor- und Nachteilen, die solch ein betriebsames Städtchen mit sich bringt. Erstaunlicherweise ist der Ort sogar weniger touristisch als einige andere auf der Insel, aber vielleicht macht gerade dies den Reiz des Städtchens aus, das auf den ersten Blick wohl eher auf den hinteren Plätzen eines Schönheitswettbewerbes landen würde.

Die Neustadt gibt sich sehr kosmopolitisch. Moderne Restaurants und Cafés säumen die Straßen, Geschäfte und Snack-Bars wechseln miteinander ab. Hier spielt sich der überwiegende Teil des touristischen Lebens ab.

In der am Hang gelegenen Altstadt Vathy geht es bedeutend ruhiger zu, dort kann man noch viele Häuser aus der Gründerzeit (typisch mit ihren vorragenden Obergeschossen) besichtigen. Bei einem Bummel durch die schmalen Gassen trifft man immer wieder auf kleine Plätze mit Tavernen und Kafenía, die dem Ort einen wohltuend heimeligen Charakter geben.

Insgesamt gesehen lohnt Sámos-Stadt durchaus einen Besuch. Auch als Standquartier für Ausflüge über die Insel ist es sehr geeignet.

Sámos-Stadt / **Geschichte**

Anders als viele Städte auf anderen griechischen Inseln hat Sámos-Stadt eine recht junge Geschichte und so gut wie keinerlei archäologische Sehenswürdigkeiten zu bieten.

Die Gründung des ältesten Ortsteils der Stadt (Vathy) geht auf den Beginn des 19. Jhs. zurück, als sich samische Händler dort niederließen, um in den kleinen Lagerhäusern ihre Geschäfte zu tätigen. Als die Insel den Status eines teilautonomen Fürstentums erhielt, wurde die kleine Hafensiedlung zur Hauptstadt der Insel erhoben.

Sámos-Stadt / **Sehenswürdigkeiten**

Die Palette der Sehenswürdigkeiten in Sámos-Stadt ist nicht sehr weit gefächert und beschränkt sich hauptsächlich auf den Besuch verschiedener Museen und der Altstadt (Vathy).

Archäologisches Museum: Es befindet sich oberhalb des kleinen Stadtparks direkt neben dem Postamt. Dieses Museum enthält eine wirklich sehenswer-

te Ausstellung von Ausgrabungsfunden der antiken Stadt Sámos aus der hellenistischen Epoche.
Daneben sollte man auf jeden Fall auch die Skulpturensammlung beachten, die recht seltene Exemplare aus Elfenbein und Holz beherbergt. Die Holzskulpturen sind erstaunlich gut erhalten, denn sie wurden in dem sumpfigen Boden des Heraion gefunden, waren daher meist besser konserviert als andere Holzarbeiten in Griechenland. (Man vergleiche die gut erhaltenen Moorfunde aus unseren Breiten).
Hauptattraktion des Museums ist aber sicherlich die über 5 m hohe Statue eines Kriegers, die Archäologen ebenfalls in den 70er Jahren in der Nähe des Heraions entdeckten.
Für diese Statue aus dem 6. Jh. v. Chr. — sie wurde fortan Kouros von Sámos genannt — mußte ein Anbau errichtet werden, die bisherigen Räume des Museums waren für eine Skulptur solchen Ausmaßes nicht geschaffen. Mit Hilfe der Volkswagenstiftung wurde gebaut. Im Sommer 1987 konnte der Neubau von Bundespräsident von Weizsäcker höchstpersönlich eingeweiht werden.
Öffnungszeiten des Museums: Montag bis Samstag 9-16 Uhr, Sonntag 9-14 Uhr, meist hat das Museum an einem Tag in der Woche geschlossen, oft ist es der Dienstag oder der Donnerstag. Zudem schwanken auch die Öffnungszeiten je nach Saison, Eintritt: 1 DM für Schüler und Studenten 0,50 DM.
Das **Byzantinische Museum**: Es ist in einigen Räumen des bischöflichen Palastes in der Od. Octobriou 28 eingerichtet und beherbergt eine wertvolle Ikonen- und Handschriftensammlung sowie liturgische Geräte und alte Gewänder aus den verschiedenen Klöstern von Sámos. Öffnungszeiten: ähnlich dem Archäologischen Museum, Eintritt frei.
Der Stadtpark: Auch heute noch ist der kleine Stadtpark von Sámos-Stadt inmitten des Verkehrs eine Oase der Ruhe. Von 1834 bis 1912, als Sámos noch ein autonomes Fürstentum war, diente dieser Park den jeweiligen Herrschern als Palastgarten. Vom damaligen Palast ist leider nach einem Bombenangriff im Zweiten Weltkrieg nichts mehr stehengeblieben. Im Park erinnert noch ein Denkmal an die Gefallenen von Sámos während des Balkankrieges 1912/13.
Das Rathaus: Das Rathaus befindet sich direkt beim Archäologischen Museum, hier ist auch die Hauptpost untergebracht. In einigen Räumen können Porträts von griechischen Freiheitskämpfern und den Fürsten der Insel aus der Zeit von 1834-1912 besichtigt werden.
In diesem Gebäude tagte zur damaligen Zeit die alle vier Jahre gewählte Nationalversammlung der Insel.
Die Kirche Ágios Spiridónas: Sie liegt in unmittelbarer Nähe des Stadtparks und ist die größte Kirche von Sámos-Stadt. Dieser klassizistische Bau aus dem

19. Jh. ist dem Ág. Spiridón geweiht, der im 4. Jh. n. Chr. zuerst als Hirte und dann als Bischof auf Zypern lebte und während seiner Lebensjahre etliche Wunder vollbracht haben soll. Auf jeden Fall wurde er schon kurze Zeit später heilig gesprochen. Zudem hat die Kirche noch eine weitere geschichtliche Bedeutung, denn in dieser Kirche beschloß die samiotische Nationalversammlung am 11. November 1912 den Anschluß an das griechische Mutterland.

Áno Vathy: Áno Vathy, die eigentliche Altstadt von Sámos-Stadt, hat bis heute ihren jahrhundertealten Charakter zumindest teilweise bewahrt und ist schon deshalb einen längeren Besuch wert. Zwar sind hier keine besonders hervorzuhebenden Baudenkmäler zu besichtigen, doch die Atmosphäre, die Ruhe und Beschaulichkeit machen diesen Stadtteil äußerst liebenswert. Viele Gassen sind noch immer zu eng für den Autoverkehr, über schmale Stufen und Treppen geht es den Berg empor.

Kleine Plätze laden den Besucher, nicht selten mit einem Kafenío oder einer gemütlichen Taverne (→ Essen und Trinken/Sámos-Stadt) zum Verweilen ein. Neben den vielen verfallenen Häusern findet man auch schmuck herausgeputzte kleine samiotische Wohnhäuser mit ihren typisch vorspringenden, teilweise in Holz gehaltenen Erkern. Dabei sind die ältesten Häuser auf Sámos eigentlich Flachdachhäuser gewesen, erst mit dem steigenden Wohlstand der Samioten zu Beginn des 19. Jhs. wurden die Häuser auch in Ziegeldachbauweise errichtet. Bei ihnen dienten dann die Erker, sie werden auf Sámos Sachnissíri genannt, vor allem der Wohnraumerweiterung im Obergeschoß.

Hier lohnt es sich wirklich immer wieder, kreuz und quer durch die kleinen Gassen zu streifen.

Tip: Wer sich gerne intensiver mit der Architektur der samiotischen Wohnhäuser beschäftigen möchte, dem sei das Buch ,,Traditionelle griechische Architektur der Insel Sámos", Melissa-Verlag, Athen, wärmstens empfohlen.

Platía Pythágoras: Dieser kleine Platz ist so etwas wie ein Erkennungsmerkmal der Stadt. Rund um den Platz befinden sich Cafés und Restaurants, man sieht ihn sogar schon vom Schiff aus. Beherrscht wird die Platía von einem großen Löwendenkmal, das die Stadt 1930 zur Erinnerung an die 1821 gefallenen Freiheitskämpfer errichtete.

Die mit großen Palmen bestandene Platía Pythágoras vermittelt dem Besucher ein außerordentlich südländisches Flair, man fühlt sich an Italien oder Frankreich erinnert.

Sámos-Stadt / **Praktische Informationen**

Ärztliche Versorgung: Die ärztliche Versorgung sowohl in Sámos-Stadt als auch auf der gesamten Insel ist gut, die Anzahl an praktizierenden Ärzten mehr als ausreichend.

In Sámos-Stadt gibt es ein Krankenhaus, das medizinisch gut ausgerüstet ist und über eine rund um die Uhr arbeitende Ambulanz verfügt: Arh. Irineou, Tel. 02 73/2 74 07-2 74 26.

Adressen von englisch oder deutsch sprechenden Ärzten erhält man bei der EOT-Touristeninformation in Sámos-Stadt oder auch im Krankenhaus.

Apotheken befinden sich in ausreichender Anzahl im Stadtgebiet, einige haben sogar einen 24-Stunden-Service eingerichtet, die Ankündigungen dazu befinden sich meist im Schaufenster der Apotheken.

Autovermietung: Es gibt etliche griechische und internationale Anbieter. Die Preise entsprechen dem üblichen griechischen Niveau auf anderen Inseln, z. B. Moped ca. 20 DM/Tag, Motorrad ca. 30-40 DM/Tag, Auto ab 70 DM/Tag. Hier einige Adressen:

Avis, 109 Th. Sofoulis, Tel. 02 73/2 88 36.
Budget, Th. Sofoulis, Tel. 02 73/2 71 46.
Hertz, Th. Sofoulis, Tel. 02 73/2 26 41.
InterRent, 85 Th. Sofoulis, Tel. 02 73/2 88 34.

Darüber hinaus gibt es noch diverse kleinere griechische Anbieter, die aufgrund der Konkurrenzsituation teilweise mit Preisnachlässen werben.

→*Autovermietung*

Bademöglichkeiten: Sámos-Stadt besitzt selbst so gut wie keine empfehlenswerten Bademöglichkeiten, die schöneren Strände befinden sich an der Nordküste der Insel weiter westlich der Stadt und an der südöstlichen Küste. Hier einige Empfehlungen für Strände, die sich von Sámos-Stadt aus noch recht schnell erreichen lassen und die dennoch nicht zu überlaufen sind:

Die *Psilí Ámmos-Bucht* an der Südküste, ca. 10 km von Sámos-Stadt entfernt, hat einen sehr schönen über 300 m langen Sandstrand mit dazugehöriger Infrastruktur (→*dort*).

Die *Possidónio-Bucht*, ebenfalls ca. 10 km südöstlich von Sámos-Stadt, verfügt zwar nur über einen recht schmalen Kiesstrand mit Tavernen, aber insgesamt ist es doch eine schöne Bucht (→*dort*).

Die *Strände westlich von Kokkári* sind allesamt gut mit dem Bus zu erreichen (→*dort*).

Der *Gángou-Beach* ist der Hausstrand von Sámos-Stadt, aber leider nur wenig empfehlenswert. Es handelt sich hierbei nur um einen kleinen Kiesstrand, der wenig attraktiv ist, weiter nördlich wird die Gegend noch felsiger.

Vor hier aus gelangt man zum Kap Kótsikas mit dem kleinen, verlassenen Kloster Panagías Kótsika (→*dort*), gelegen in schöner, melancholisch stimmender Landschaft.

Banken: Die meisten Banken befinden sich in der Neustadt direkt an der Uferstraße, der Sofouli, und um die Platía Pythágoras herum.

Sie sind fast alle — wie allgemein üblich in Griechenland — nur vormittags geöffnet (meist von 8.30-13.30 Uhr). Außerhalb der gesetzlichen Öffnungszeiten besteht die Möglichkeit, in Hotels oder Reiseagenturen Geld umzutauschen. Getauscht wird in der Regel zu den offiziellen Umtauschkursen.

Einkaufen: Sámos-Stadt ist ein moderner Ort, und die Einkaufsmöglichkeiten sind hier sehr vielfältig. Besonders reichhaltig ist die Auswahl an modernen Modegeschäften, aber auch an den sogenannten typischen Geschäften für Souvenirartikel.

Lohnenswerte Mitbringsel sind vor allem noch Keramikartikel, die auf Sámos selbst in vielen Töpfereien hergestellt werden. Mit einem etwas geschulten Auge lassen sich noch recht schöne Stücke zu durchaus erschwinglichen Preisen erwerben. Aber Achtung: Viele Artikel stammen auch nicht von Sámos, sondern werden in der Keramikindustrie in Athen hergestellt. Gold- und Silberschmuck ist auf der Insel ca. 20-30 % billiger als bei uns. Der Kauf setzt jedoch eine gewisse Kenntnis voraus, außerdem sind die Einfuhrbestimmungen zu beachten (→*Zoll*).

Was auf jeden Fall ins Reisegepäck gehört, ist eine Flasche guten samiotischen Weines. Hier findet man in vielen Geschäften eine große Auswahl, die Preise sind deutlich niedriger als bei uns und, was noch wichtiger ist, fast immer wird auch qualitativ guter Wein angeboten.

Tip: Kaufen Sie den Wein erst am Ende Ihres Urlaubs, so haben Sie die Möglichkeit, vorher die verschiedenen Marken durchzuprobieren.

Essen und Trinken: In Sámos-Stadt gibt es eine schier unüberschaubare Anzahl von Restaurants und Tavernen der unterschiedlichsten Preiskategorien. Generell kann gesagt werden, daß sich die teuersten Restaurants und Cafés direkt an der Uferstraße (Sofouli) und um die Platía Pythágoras herum befinden. Wer von den Einheimischen hier sitzt und ißt, der will sehen und gesehen werden. Weitaus stimmungsvoller sind die Tavernen im oberen alten Stadtteil von Sámos-Stadt, nämlich in Vathy. Hier sitzt es sich gemütlicher, der Andrang ist nicht so groß.

Nun ein paar Restaurants als Empfehlung, aber vielleicht entdecken Sie Ihr ganz spezielles Restaurant:

Recht preiswert, dafür aber meist immer ziemlich voll ist die Taverne *"O Tassos"* an der Bushaltestelle (Busterminal) in der Nähe der Platía Pythágoras gelegen. Es handelt sich noch um eine typisch griechische Taverne.

An der Od. Smírnis befindet sich das Restaurant *"Grigóris"*, das ebenfalls noch recht preiswert ist und gute griechische Küche anbietet.

Direkt an der Platía Pythágoras befindet sich das Restaurant *"Sámos"*, die Atmosphäre ist hier besonders stimmungsvoll, gute Küche, allerdings nicht ganz preiswert.

In der Nähe der Taverne ,,Grigóris" befindet sich die Taverne *"Ta Kotopoula"*, wie schon der Name sagt, gibt es hier vor allem Hähnchen, aber auch andere Gerichte. Diese Taverne ist recht preiswert, aber meistens sehr voll.

Ebenfalls durchaus zu empfehlen ist die Taverne *"Dionysos"* an der Uferstraße in südlicher Richtung. Auch hier findet man gute griechische Küche bei normalen Preisen. In dem kleinen Garten der Taverne sitzt man sehr angenehm.

Wenn Sie ein besonders schönes Kafenío suchen, sollten Sie das Kafenío am Platz beim Archäologischen Museum ausprobieren, das noch sehr atmosphärisch ist, hier sind die Samier meist noch unter sich.

Fahrradverleih: Es werden an diversen Verleihstationen auch Fahrräder vermietet, doch aufgrund der recht gebirgigen Beschaffenheit der Insel kann das Fahrrad nur bedingt empfohlen werden. Für eine Radtour auf Sámos braucht man schon eine sehr gute Kondition. Außerdem befinden sich die Fahrräder oft in einem miserablen Zustand, deshalb sollte man das Rad vor dem Ausleihen auf jeden Fall genauestens prüfen.

Die Verleihpreise für Fahrräder betragen ca. 4 DM/Tag.

Unterhaltung / Nachtleben: Die Insel und auch Sámos-Stadt bieten für jeden Geschmack etwas, auf Discos braucht hier niemand zu verzichten. Am Gángou-Strand befindet sich die Diskothek ,,Sámos-Beach", eine gern besuchte Diskothek mit gelegentlicher Live-Musik.

Tavernen mit Bouzóuki-Musik live befinden sich meist etwas außerhalb des Ortes an den Hauptstraßen. Am besten, man erkundigt sich bei der Touristeninformation nach diesen Lokalen. Sie haben meist bis in den frühen Morgen geöffnet.

Unterkunft

Dem Besucher bietet sich eine schier unüberschaubare Anzahl von Unterkünften. Doch vor allem in Sámos-Stadt ist es nicht immer einfach, eine ruhige Unterkunft zu finden. Hier eine kleine Auswahl:

Hotel Artemis, direkt an der Platía Pythágoras gelegen, zentral, aber recht laut, DZ ca. 35 DM, Tel. 02 73/2 77 92.

Hotel Eleana, schönes stilvolles Hotel in einer alten Villa, in der Nähe vom Hafen, DZ 55 DM, Tel. 02 73/2 86 65.

Hotel Odysseas, schöne Lage oberhalb der Stadt, DZ ca. 60 DM, Tel. 02 73/ 2 78 48.

Hotel Helen, recht gemütlich, zentral gelegen nur wenige 100 m vom Hafen entfernt, DZ ca. 40 DM, Tel. 02 73/2 82 15.

Hotel Ariadni, etwas abseits und ruhiger in Vathy gelegen, DZ ca. 40 DM.

Hotel Aeolis, direkt an der Uferstraße gelegen, daher nicht sehr ruhig, DZ ca. 60 DM, Tel. 02 73/2 74 63.

Hotel Andromeda, sauberes Hotel mit geräumigen Zimmern, DZ ca. 45 DM, Tel. 02 73/2 29 25.

Hotel Sámos, direkt am Hafen, großes Haus, aber durchaus zu empfehlen, DZ ca. 50 DM, Tel. 02 73/2 83 77.

Hotel Sybilla, an der Platía Nikolaou gelegen, schöner renovierter Altbau mit sehr viel Atmosphäre, DZ ca. 60 DM.

Darüber hinaus gibt es noch zahlreiche *Privatzimmer* zu vermieten, hier hilft bei der Vermittlung die Touristenpolizei oder auch die EOT-Touristeninformation weiter (→*Wichtige Adressen*).

Es existiert auf Sámos kein offizieller *Campingplatz*.

Tip: Vor allem im oberen Stadtteil Vathy sind die Zimmer besonders ruhig, wenn man ein Privatzimmer sucht, sollte man am besten dort wohnen, hier ist es atmosphärisch auch viel schöner als in der Neustadt.

Verkehrsverbindungen: Das Verkehrsnetz mit *Linienbussen* ist auf Sámos hervorragend ausgebaut, es lassen sich alle Ortschaften auf der Insel recht problemlos mit dem Linienbus erreichen. So kann man eine Besichtigungstour der Insel ohne weiteres mit dem Bus unternehmen und muß höchstens in Kauf nehmen, daß die kleineren und entfernteren Orte seltener angefahren werden und so unter Umständen eine Übernachtung fällig werden kann.

Der zentrale Busbahnhof für sämtliche Inselbusse befindet sich in Sámos-Stadt in der Nähe des Büros der Olympic-Airways. Hier hängen auch die offiziellen Fahrpläne aus, die man außerdem auch bei der EOT erhält. Außerdem telefonische Fahrplaninformationen über Tel. 02 73/2 72 62.

Die Fahrpreise für die Busse sind recht niedrig, z. B. für die Route Sámos-Pythagóreion ca. 1,50 DM.

Zur Zeit existieren folgende Busverbindungen ab Sámos-Stadt (hierbei ist der Winterfahrplan berücksichtigt, der von September bis Juni gilt, im Sommer erhöht sich lediglich noch die Verkehrsdichte): Sámos-Karlóbasi: 5 x täglich

Sámos-Stadt (Vathy)

(über die Küstenstraße), Sámos-Karlóbasi: 2 x täglich (über die Inlandstrecke über Pýrgos), Sámos-Marathokámpos: 2-3 x täglich, Sámos-Pythagóreion: 4 x täglich, Sámos-Pagóndas: 2 x täglich, Sámos-Psilí Ámmos: 3 x täglich (nur im Sommer).

Bitte beachten Sie, daß die Busse teilweise auch Umwege über kleinere Dörfer fahren.

Auch an *Taxen* ist das Angebot recht groß, der zentrale Taxistand befindet sich in der Nähe der Platía Pythágoras, Taxiruf über Tel. 02 73/2 84 04.

Der Fahrpreis richtet sich nach dem Taxameter, lediglich bei Überlandfahrten sollte man vorher den Preis aushandeln. (Richtpreis Sámos-Flughafen ca. 12 DM.)

Flugzeug: Der internationale Flughafen von Sámos befindet sich an der Südküste bei Pythagóreion, ca. 15 km von Sámos-Stadt entfernt. Neben den vielen Chartermaschinen im Sommer wird der Flughafen auch regelmäßig von der Olympic-Airways bedient. Von hier hat man recht gute Verbindungen zum Festland und zu anderen Inseln (→*Olympic-Airways*). Zu jedem Linienflug fährt vom Olympic-Büro ein Zubringerbus der Olympic-Airways zum Flughafen und auch wieder zurück (→*Wichtige Adressen*).

Zur Zeit existieren folgende Linienflugverbindungen ab Sámos: 2-3 x täglich nach Athen, 1-2 x wöchentlich nach Chíos, 2 x wöchentlich nach Mykonos, 1 x wöchentlich nach Lésbos, 2-3 x wöchentlich nach Thessaloníki.

Man sollte beachten, daß sich die Abflughäufigkeiten sehr schnell ändern können, zusätzlich sollen 1990 noch weitere Verbindungen dazu kommen.

Den aktuellen Stand über die Linienflugverbindungen erhält man im Büro der Olympic-Airways in Sámos-Stadt in der Od. Kanari, Tel. 02 73/2 84 91-2 72 37 oder am Flughafen, Tel. 02 73/6 12 19.

Wenn man allerdings mit einer Chartermaschine anreist, wird man wahrscheinlich ein Taxi nehmen müssen, denn die Linienbusverbindungen zum Flughafen sind noch zu sporadisch, sofern kein Hoteltransfer in der Flugreise enthalten ist.

Schiffe: Sámos-Stadt ist der wichtigste der drei Häfen der Insel und wird recht häufig von Linienschiffen frequentiert. Von hier aus hat man die Möglichkeit, das Festland, die Kykladen, die Nord-Ost-Ägäischen Inseln und die Inseln des Dodekanes zu erreichen.

Die genauen Schiffsverbindungen erfährt man am besten in der EOT-Touristeninformation, hier ist eine aktuelle übersicht über die einzelnen Verbindungen und die Abfahrtszeiten erhältlich.

Auch in den einzelnen Agenturen kann man Informationen einholen, doch da jede Agentur nur für bestimmte Schiffe Tickets verkauft, kann es sein, daß man Ihnen sagt, es fahre kein Schiff mehr, aber in der nächsten Agentur erhalten Sie für den gleichen Tag noch ein Ticket. Die meisten Agenturen befinden sich in Sámos-Stadt in der Neustadt, im Gebiet um die Platía Pythágoras herum und direkt beim Hafen.

Falls man doch wider Erwarten kein Ticket mehr erhält, kann man trotzdem problemlos an Bord gehen, denn auf jedem Schiff können Tickets nachgelöst werden.

Zur Zeit existieren ab Sámos-Stadt folgende Schiffsverbindungen (die Inseln des Dodekanes lassen sich bedeutend besser von Pythagóreion an der Südküste erreichen): Piräus 2-3 x täglich (über Ikaría Fahrtzeit ca. 12 Stunden), Páros (über Ikaría Fahrtzeit ca. 6 Stunden), Pátmos und Léros 3-4 x wöchentlich (Fahrtzeit 5-7 Stunden, im Sommer zusätzlich noch täglich Ausflugsboote), Chíos 2 x wöchentlich (Fahrtzeit ca. 4 Stunden).

Verbindungen zu den Inseln des Dodekanes →*Pythagóreion*.

Kavalla 2 x wöchentlich. Des weiteren besteht die Möglichkeit, von Sámos aus per Tagesausflug in die Türkei zu gelangen (→*Türkei*). Auskünfte hierzu z. B. bei der Agentur Dovelos-Travel in der Od. Sofouli, Tel. 02 73/2 82 95.

Wichtige Adressen
EOT-Touristeninformation: 89 Od. Sofouli.
Touristen-Polizei: Al. Pashali, Tel. 02 73/2 73 33.
Hafenverwaltung: Tel. 02 73/2 78 90-2 73 18.
Post: am Stadtpark, Tel. 02 73/2 73 04, Öffnungszeiten 7.30-15 Uhr.
OTE: gegenüber der Post, Öffnungszeiten 8-22 Uhr.
Olympic-Airways: Od. Kanari, Tel. 02 73/2 84 91-2 72 37.
Krankenhaus: Arh. Irineou, Tel. 02 73/2 74 07-2 74 26.
Konsulat der BRD: 36 Od. Sofouli, Tel. 02 73/2 75 27-2 72 60-2 83 65.
Agenturen der Schiffslinien: Sämtliche Agenturen befinden sich an der Od. Sofouli oder den parallel dahinter liegenden Straßen in der Neustadt.

Schecks →*Geld und Devisen*
Schiffsverbindungen →*Anreise, Reisen auf und zwischen den Inseln, Sámos-Stadt, Ikaría*

Sehenswürdigkeiten

Sámos
Auf Sámos sind auf jeden Fall drei bedeutende Sehenswürdigkeiten zu erwähnen, die auch über die Insel hinaus bekannt sind und in der Antike zu den Sieben Weltwundern zählten:

Spatharaíoi (Sámos)

- die Stadtmauern und die Hafenanlagen der antiken Stadt im Gebiet von Pythagóreion (→*dort*)
- der Tunnel des Eupalinos, ein architektonisches Meisterwerk, das die Wasserversorgung des gesamten damaligen Pythagóreion mit seinen über 25 000 Einwohnern gewährleistete (→*dort*)
- das Hera-Heiligtum (Heraion) mit seinem berühmten Tempel in der Nähe von Pythagóreion (→*dort*)

Weitere Sehenswürdigkeiten auf Sámos sind vor allem die vielen kleinen Klöster und Kapellen, die wunderschönen Strände und die herrliche Landschaft.

Ikaría
Das Einmalige dieser Insel ist wohl die grandiose Gebirgslandschaft mit ihren unglaublich fruchtbaren Tälern. Spektakuläre Ausgrabungen oder andere Sehenswürdigkeiten besitzt Ikaría nicht, sieht man einmal von dem Artemis-Heiligtum aus antiker Zeit in Nas ab, das aber ebenfalls hauptsächlich durch die zauberhafte Landschaft, in der es steht, zur Geltung kommt (→*dort*).

Sitten und Gebräuche →*Feiertage und Feste, Bevölkerung, Essen und Trinken, Verhalten*

Skouraíika (Sámos)

Skouraíika ist ein kleines unscheinbares Dorf unweit der Südküste, östlich von Órmos Marathokámpou gelegen.
Von hier aus gelangt man auf kleineren Feldwegen zu verschiedenen Stränden an der Südküste, die selbst in der Hochsaison immer noch erstaunlich leer sind.
Die schönsten Strände sind die von Kámpos, Péri und Bállos, an allen Stränden befinden sich bescheidene Verpflegungsmöglichkeiten in Tavernen. In Bállos gibt es sogar eine kleine Pension (,,Bállos") mit Taverne, die wirklich empfehlenswert ist, ebenso wie die Taverne ,,Cypros".
Diese Strände werden allerdings von keinem öffentlichen Verkehrsmittel angefahren, hier ist man auf Taxi oder Mietwagen angewiesen.

Spatharaíoi (Sámos)

Das Dorf Spatharaíoi liegt in über 500 m Höhe am Westhang des Oros Vournias. Von hier aus besteht die Möglichkeit, den kleinen Weiler Limnonáki an der Südküste mit Badegelegenheit und Taverne zu besuchen.

Eine wunderschöne Wanderung oder Fahrt auf recht guter Schotterpiste bietet sich von Spatharaíoi aus um den Oros Vournias herum zum Ort Pagóndas an (→*dort*). Diese Strecke bietet immer wieder großartige Ausblicke auf die tief unten liegende Südküste und hinüber zur kleinen Insel Samiopoúla (→*dort*). In Spatharaíoi gibt es Verpflegungsmöglichkeiten in einer Taverne.
Im Ort sollte man sich die große Dorfkirche mit ihrem strahlend blauen Kuppeldach ansehen.

Sport
Organisierten Sport gibt es auf Ikaría gar nicht, hier eignet sich lediglich die Nordküste hervorragend zum Surfen. Wer gut zu Fuß ist, kann auf Ikaría phantastische Wanderungen in völlig einsamer und unberührter Landschaft unternehmen.
Auf Sámos gibt es ebenfalls lediglich an den größeren Badestränden eine organisierte Form von Surfbrett-Verleih und in der Nähe der größeren Hotels auch Wasserski.
→*jeweilige Ortschaften*

Sprache
Die griechische Sprache bietet für den Fremden als erste Schwierigkeit die griechische Schrift, deren Buchstaben aber zumindest zum Teil durch den Mathematikunterricht bekannt sein mögen (außerdem sind die Großbuchstaben den lateinischen größtenteils ähnlich bzw. identisch). Als zweite Schwierigkeit kommen noch ein paar Ausspracheregeln dazu, die den deutschen zuwiderlaufen, und das ist das noch Unangenehmere. Dem Bequemen bietet sich natürlich die Möglichkeit, Deutsch und Englisch zu sprechen, irgendwie wird er meistens schon verstanden. Dennoch: Wie viele schöne Kontakte gewinnt man, wenn man auch nur ein paar Grundkenntnisse und -regeln der griechischen Sprache beherrscht! Doch da es sich hier nicht um ein Sprachlehrbuch handelt, fassen wir uns kurz: Das Wichtigste an der richtigen Aussprache ist die richtige Betonung (die in diesem Buch vorkommenden griechischen Worte und Eigennamen tragen daher einen Betonungsakzent). Denn wenn ein auch nur zweisilbiges Wort auf der falschen Stelle betont wird, ergibt sich dem Griechen oft kein oder ein völlig anderer Sinn (Beispiel: ,,póte'' = wann, ,,poté'' = nie). Leider stellt auch die Lautumschrift, die hier gezwungenermaßen verwendet wird, immer dann nur eine Krücke dar, wenn sich die Ausspracheregeln von den entsprechenden deutschen unterscheiden.

Sprache

So muß leider zugegeben werden, daß die in diesem Buch verwendete Lautumschrift nicht bis ins letzte konsequent ist. Im Prinzip schreibt sie jeden Ortsnamen und jedes griechische Wort so, wie es nach mitteleuropäischen Regeln ausgesprochen wird. Im einen oder anderen Fall wird aber (unter Gewissensbissen) davon abgewichen, damit die Schreibweise eines Ortes überhaupt wiedererkannt wird. Ohne den griechischen Ausspracheregeln vorzugreifen, die im folgenden kurz erläutert werden, hier ein paar dieser Ausnahmen:
- Taucht im Ortsnamen ein ,,y'' auf, wird es wie ein ganz normales ,,i'' gesprochen.
- Ein ,,g'' vor einem ,,i'' oder ,,e'' (z. B. Agía) wird immer wie ,,j'' gesprochen.
- Der Laut ,,u'' wird im Griechischen mit ,,ou'' umschrieben. Im vorliegenden Führer wird dieses ,,ou'' nur bei Orts- und Eigennamen beibehalten, damit das ,,Wiedererkennen'' erleichtert wird. Es spricht sich aber jedenfalls wie ein einfaches ,,u'' aus.

Im folgenden nun die dringend notwendigen Erläuterungen zur griechischen Aussprache, die die beste Lautumschrift nicht wiedergeben kann:

ch — grundsätzlich wie im Deutschen, aber: vor hellen Vokalen (e,i) weich wie im deutschen ,,kichern'', vor allen anderen Vokalen wie im deutschen ,,kochen''. Im Gegensatz zum Deutschen richtet sich also die Aussprache nach dem folgenden Vokal (das griechische Wort für ,,ich habe'' = ,,echo'' wird also nicht wie das deutsche ,,Echo'' ausgesprochen!).

g — ist kein ,,g'' im deutschen Aussprachesinne. Vor dunklen Vokalen (a,o,u) ist es ein gutturaler Laut, der dem ,,g'' ähnlich ist, man darf ihn als Ausländer aber als ,,g'' sprechen, vor hellen Vokalen ist das ,,g'' aber wie ein ,,j'' auszusprechen! (Agía = Ajía).

e,o — stets wie in Bett oder Holz, nie wie in gehen oder Tod! Alle Vokale ,,offen'' und ,,kurz''!

p,t,k — möglichst immer wie ,,b'', ,,d'', ,,g'', also ohne ,,gedachtes h'' dahinter wie in Kaffee, Petersilie oder Tee.

Genug der langen Vorrede; im folgenden einige wichtige Worte:

ja	ne (,,e'' wie in ,,Bett''!) málista
nein	óchi (,,ch'' wie in ,,ich''!)
bitte, danke	parakaló, efcharistó
in Ordnung, gut	endáxi, kalá
Verzeihung	signómi
das macht nichts	dhen pirási (,,dh'' wie im englischen ''there'')

Allroundgruß, bei Begrüßung und Abschied)	jássas
was kostet ...	póso káni
der (die, das) da	avtós, -í, -ó
das ist zu teuer	íne polí akyriwó
ich möchte ...	thélo („th" wie im engl. „thanks")
Sprechen Sie Deutsch?	Xérete jermaniká?
ich habe nicht verstanden	dhen katálava („dh" wie im engl. ''there'')
wo ist ...	pu íne
eine Bank	miá trápesa
die Post	to tachidhromío („ch" wie in „ich")
ein Arzt	enas jatrós
das Krankenhaus	to nosokomío
der Hafen	to limáni
die Toilette	i tualétta
der Flugplatz	to aerodhrómio
wie spät ist es	ti óra íne
Hotel	xenodhochío („ch" wie in „ich")
Restaurant	estiatório
Taverne	tavérna
Wasser	neró
Wein, Bier	krasí, bíra
Brot, Fleisch	psomí, kréas
Fisch, Salat	psári, saláta
Kartoffeln, Reis	patátes, rísi
Trauben, Melonen	stafília, karpúsi
Kaffee, Tee, Milch	kafés, tsái, gála
Mineralwasser	sódha, metallikó neró

Sehr empfohlen sei das Buch von Hans Eideneier: „Neugriechisch, wie es nicht im Wörterbuch steht" (Bastei TB) — eine amüsant geschriebene Einführung in Sprache und Lebensart der Griechen.

Ein Hinweis: Nun hat der Reisende mühsam ein Wort aus dem Wörterbuch geklaubt, es sogar anhand des Betonungsakzents korrekt betont und erntet doch nur Unverständnis — woran kann das liegen? Wahrscheinlich ist ihm ein Wort in „Katharévusa" untergekommen, einer künstlichen Hochsprache aus alt- und neugriechischen Bestandteilen. Zwar ist diese Sprache, die kein normaler Mensch in Griechenland versteht, seit einiger Zeit auch als Amtssprache offiziell abgeschafft, aber Relikte davon finden sich noch häufig (und das eben auch in vielen Wörterbüchern). Mehr dazu findet der Interessierte im oben erwähnten Buch.

Stavrinídes (Sámos)

Der kleine Ort Stavrinídes liegt am Ende einer Stichstraße, ca. 5 km von Ágios Konstantínos (→*dort*) entfernt.
Es ist ein sehr ruhiges Dorf, Besucher sind noch ziemlich selten. Lediglich ein kleines Kafenío neben der Dorfkirche lädt zu einer Rast ein.
Im Dorf existiert bisher keinerlei Unterkunftsmöglichkeit. Stavrinídes verfügt ebenfalls nicht über eine Linienbusverbindung mit Sámos-Stadt.

Strände

Sámos

Die Insel besitzt eine Fülle von hervorragenden Sand- und Kiesstränden, oft auch kleinere waldgesäumte Buchten. Hier die bedeutendsten:
Kokkári an der Nordküste verfügt über einen schönen Sand-Kiesstrand, allerdings mit teilweise recht starkem Seegang. In der Saison ist er ziemlich stark besucht (→*dort*).
Possidónio-Bucht, südöstlich von Sámos-Stadt, weist einen recht schmalen Kiesstrand auf, allerdings bezaubert die schöne Landschaft mit Blick auf die türkische Küste (→*dort*).
Psilí Ámmos stellt eine traumhaft schöne Bucht südlich von Sámos-Stadt dar, mit einem wunderschönen Sandstrand, der recht flach ins Wasser geht und daher auch für Kinder gut geeignet ist.
Wegen des Bekanntheitsgrades der Bucht ist es hier allerdings in der Saison ziemlich belebt (→*dort*).
Órmos Marathokámpou, im südwestlichen Teil der Insel gelegen, ist landschaftlich sicherlich mit einer der schönsten Strände der Insel. Es geht allerdings ziemlich schnell tief ins Wasser (→*dort*).

Ikaría

Auch Ikaría bietet viele kleinere und größere Buchten mit recht unterschiedlichen Stränden. Die wohl besten Strände der Insel befinden sich an der Nordküste um Evdilos herum (sie sind hier allerdings recht steinig) und bei Armenistís. An mehreren hintereinanderliegenden Buchten mit feinem Sand gehen die Strände dort recht flach ins Wasser. Sie sind daher auch für Kinder

gut geeignet, obwohl an der Nordküste stellenweise stärkerer Seegang herrscht (→*dort*).
Die Buchten an der Südküste der Insel sind meist recht schwierig zu erreichen, teilweise nur mit dem Kaiki, da keine Straßenverbindungen bestehen.

Stromspannung

Die Stromspannung beträgt überall 220 Volt. Zwar hat sich die Schuko-Steckdose schon vielerorts durchgesetzt, doch findet man auch immer noch recht antiquierte Steckdosen. Ein Adapterset, das man noch daheim im Fachhandel erwerben kann, ist da manchmal ganz hilfreich, wird aber eigentlich nur wenig benötigt.

Telefonieren

Wie überall in Griechenland ist auch auf Sámos und Ikaría für das Telefonieren (und damit auch für Telegramme) das OTE zuständig, eine eigenständige halbstaatliche Organisation (OTE wird als zweisilbiges Wort ausgesprochen und auf dem ,,E'' betont!). Die Dienststellen des OTE sind meist den ganzen Tag (bis auf eine Mittagspause) und dann bis in die Nacht hinein geöffnet, oft sogar auch an den Wochenenden (→*jeweilige Ortschaften bzw. wichtige Adressen*).
Existiert in einem Dorf keine offizielle Dienststelle des OTE, so gibt es zumindest einen Kiosk (→*Periptero*) oder eine Taverne, von wo aus man Telefongespräche führen kann.
In die BRD, in die DDR, nach Österreich und in die Schweiz besteht Direktdurchwahl, doch muß man sich beim Wählen ein bißchen in Geduld üben, denn es klappt nur in den seltensten Fällen beim ersten Mal. Manchmal kann es bis zu einer halben Minute dauern, bis ein Zeichen ertönt, erst beim Besetztzeichen darf man erneut wählen.
Das Telefonieren von Griechenland nach Hause (und auch die Telegrammverschickung) ist deutlich billiger als umgekehrt.
Ein Telefongespräch nach Mitteleuropa kostet etwa 3 DM/Minute.
Vorwahlnummern: BRD 00 49, DDR 00 37, Österreich 00 43, Schweiz 00 41 (danach die erste Null der Ortskennziffer unbedingt weglassen!).
Die Vorwahlnummer für Griechenland von Sámos ist 02 73, von Ikaría 02 75, die Vorwahlnummer von Griechenland von der BRD aus ist 00 30 (auch hier gilt, die Null der Ortskennziffer wegzulassen).

Thérma (Ikaría)   111

Theater →*Unterhaltung*

Theoktísti (Ikaría)

Etwas oberhalb der Ortschaft Kámpos liegt das um 1600 gegründete und jetzt verlassene Kloster Theoktísti. Eingebettet in einen urwüchsigen Kiefernwald, umgeben von vielen Feigenbäumen und Zypressen, ist dieses Kloster sicherlich einen Besuch wert.

Das Kloster ist der Nonne Theoktísti aus Lésbos geweiht. Sehenswert im Innern des Klosters sind die bemerkenswerten Wandmalereien aus dem 17. Jh. in der Klosterkirche. Der gesamte Innenraum der Kirche ist mit reichem Freskenschmuck versehen, der noch erstaunlich gut erhalten ist.

Etwas oberhalb des Klosters befindet sich das kleine Höhlenkirchlein Theoképasti, das in ein natürliches Felsgewölbe hineingebaut wurde. Im Innern sind die Reste einer bemalten Schnitzikonostase aus dem Kloster Theoktísti zu sehen.

Erreichbar ist das Kloster in einer 2-3stündigen Wanderung von der Ortschaft Kámpos aus. Falls die Klosterkirche verschlossen sein sollte, erkundigen Sie sich bitte im Dorf Pigí (15 Minuten Wegstrecke vom Kloster) danach.

Thérma (Ikaría)

2 km östlich von Ágios Kírykos liegt der bedeutendste Kurort der Insel, Thérma. Er ist zugleich einer der wichtigsten Fremdenverkehrsorte, denn hier stehen eine Vielzahl von Hotels. Privatzimmer werden in genügendem Umfang angeboten, und insgesamt vier Badeanstalten stehen den Besuchern zur Verfügung.

Aufgesucht wird der Ort vor allem wegen seiner radioaktiven Quellen, die gegen Rheumatismus, Arthritis und andere Gelenkerkrankungen helfen sollen. Die Lage des Ortes ist recht schön, umgeben von zahlreichen Oliven- und Eukalyptusbäumen liegt er am Ende eines grünen Tales.

Der unmittelbar im Ort gelegene Kiesstrand mit seinem sauberen Wasser lädt zum Baden ein. Er ist im Sommer aber auch gut besucht, da eine tägliche Badebootverbindung mit Ágios Kírykos besteht.

Wer sich in Thérma ein Quartier nimmt, sollte auf jeden Fall auch die Badeanstalten besuchen. Sie sind in der Regel von 6-13 und von 17-20 Uhr geöffnet, allerdings nur in der Sommersaison. Im Ort gibt es etliche Tavernen, die sich alle noch meist an den Bedürfnissen der überwiegend griechischen Urlauber orientieren und durchaus zu empfehlen sind.

Im Sommer gibt es im Ort sogar eine Touristenpolizei, die auch bei der Zimmervermittlung hilft.

Thérma / **Praktische Informationen**
Unterkunft
Hotel ,,Parthenon'', DZ ca. 40 DM, Tel. 02 75/2 28 00.
Hotel ,,Apollon'', DZ ca. 45 DM, Tel. 02 75/2 24 77.
Hotel ,,Anna'', DZ ca. 30 DM, Tel. 02 75/2 29 05.
Hotel ,,George'', DZ ca. 35 DM, Tel. 02 75/2 25 17.
Des weiteren werden in Thérma noch etliche Privatzimmer vermietet.
Von Thérma aus lassen sich wunderschöne kleinere Wanderungen in das sehr grüne Hinterland unternehmen.

Thérma Lefkádas (Ikaría)

Nur wenige Kilometer westlich des Hauptortes liegt einer der beiden bedeutenden Kurorte der Insel, Thérma Lefkádas. Dieser kleine Ort wird hauptsächlich von Einheimischen zur Kur aufgesucht, denn am Strand sprudeln einige radioaktive Heilquellen. Allerdings entspricht diese Form von Kurort keineswegs unseren mitteleuropäischen Vorstellungen. Einige Hotels, eine etwas heruntergekommene Badeanstalt und mehrere Tavernen, das ist alles.
Der weitaus wichtigere Kurort auf Ikaría ist der Ort Thérma (→*dort*) östlich von Ágios Kírykos.

Thérma Lefkádas / **Praktische Informationen**
Ausflugsmöglichkeiten: Von Thérma Lefkádas aus besteht die Möglichkeit, auf einer mäßig guten Straße weiter westlich zum Kloster Lefkádas Evangelismós (→*dort*) und zum Dörfchen Xylosýrtis (→*dort*) zu gelangen.
Unterkunft
Hotel ,,Anna'', DZ ca. 40 DM, Tel. 02 75/2 22 74.
Hotel ,,Carras'', DZ ca. 40 DM, Tel. 02 75/2 24 94.
Hotel ,,Marina'', DZ ca. 35 DM, Tel. 02 75/2 21 88.
Darüber hinaus stehen noch einige Privatunterkünfte zur Verfügung.

Tiere

Leider ist der Artenreichtum der Tierwelt auf beiden Inseln nicht mit der Vielfalt der Pflanzen zu vergleichen. Dies war nicht immer so, noch in der Antike wiesen die Inseln einen ungeheuren Reichtum an Tieren auf, doch mit der Zerstörung der Umwelt durch den Menschen wurden auch die Tiere ihres Lebensraumes beraubt. Hinzu kommt, daß die Griechen begeisterte „Jäger" sind, d. h., daß sie eigentlich auf alles schießen, was sich bewegt, sei es zu Lande oder in der Luft.

So trifft man auf beiden Inseln nur noch ganz vereinzelt auf größeres Wild, ab und zu noch auf Wildschwein oder Fuchs, häufiger jedoch auf kleinere Tiere wie Kaninchen, Fasane oder Rebhühner.

Im Westen der Insel Ikaría soll es an ganz abgelegenen Stellen angeblich noch einige Adler geben, die dort einsam ihre Kreise ziehen.

Vor allem in felsigem Gelände trifft man auf Skorpione, deren Stich zwar nicht sehr gefährlich (ähnlich einem Bienen- oder Wespenstich), aber äußerst schmerzhaft ist. Deshalb sollte man auch immer mit festen Schuhen durchs offene Gelände gehen.

Auch Schlangen kommen auf beiden Inseln vor, auf Ikaría sieht man sie des öfteren in der Nähe der zahlreichen kleinen Wasserläufe und Bäche. Ansonsten bekommt man sie aber nur in den seltensten Fällen zu Gesicht, denn es sind äußerst scheue Tiere, die beim kleinsten Geräusch flüchten. Zwar ist der Biß der Sandviper nicht ungefährlich, doch wer mit entsprechender Sorgfalt und Kleidung durchs Gelände geht, wird wohl nur sehr selten einer Schlange begegnen.

Ein Problem für viele Inseln sind die zahlreichen Schaf- und Ziegenherden, die durch ihren unbändigen Kahlfraß dafür sorgen, daß sich neue Vegetation und frisches Grün erst gar nicht mehr entfalten kann.

Eidechsen, diese harmlosen Tierchen, sieht man sehr oft, wie sie sich auf den warmen Steinen in der Sonne sonnen. Trotz ihrer Größe und ihres manchmal exotischen Aussehens sind diese Tiere völlig ungefährlich und sehr schreckhaft.

Timíou Stavroú (Sámos)

Das 1586 gegründete Kloster Timíou Stavroú befindet sich in der Nähe des Dorfes Chóra und lohnt auf jeden Fall einen Besuch.

Das Kloster ist dem Heiligen Kreuz geweiht und wird zur Zeit noch von zwei Mönchen bewohnt. 1838 wurde es erweitert, aus dieser Zeit stammt auch die dreischiffige Klosterkirche. In ihrem Innern kann man eine wundervolle, holzgeschnitzte Ikonostase, mehrere alte Ikonen und einen wertvollen Bischofsthron bewundern.

Darüber hinaus besticht das Kloster durch seine schöne Lage an einem bewaldeten Berghang und durch den überaus reichhaltigen Blumenschmuck in seinem Innenhof, ein ausgesprochen idyllisches Plätzchen.
Leider durfte bei meinem letzten Besuch im Kloster nicht fotografiert werden, auch scheinen die Mönche über Besucher nicht sonderlich erfreut zu sein. Verkehrsmäßig ist das Kloster mit dem Linienbus über Chóra (2 x täglich) zu erreichen. 3 km hinter dem Ort muß man an der Abzweigung aussteigen, dann ist es noch gut 1 km zu Fuß. Vom Kloster aus bietet sich ein Abstecher zum 2 km entfernten Töpferdorf Mavratzaíoi an, wo sich noch etliche Töpfereien in Betrieb befinden. Die Gebrauchskeramik aus diesem Dorf ist auf Sámos besonders beliebt.

Touristeninformation

Sämtliche Touristeninformationsbüros werden von der Griechischen Zentrale für Fremdenverkehr (EOT) betrieben. Auf Sámos existieren in fast allen touristisch bedeutsamen Orten solchen Informationsbüros. Auf Ikaría sind sie allerdings dünner gesät, lediglich im Hauptort war ein Büro auszumachen.
In diesen Büros kann man sich über die Inseln informieren, bekommt unter Umständen auch Zimmernachweise, Prospekte und Bilderheftchen über die Inseln, erhält Busfahrpläne und auch die Abfahrtszeiten der Schiffe. Wenn man sich das erste Mal auf Sámos oder Ikaría befindet, ist es durchaus ratsam, die Touristeninformation aufzusuchen, hier bekommt man einige Orientierungshilfen.
→jeweilige Ortschaften, wichtige Adressen.

Traditionen →*Feiertage und Feste*
Trinken →*Essen und Trinken*

Türkei (Ausflug)

Zumindest von Sámos aus besteht die interessante Möglichkeit, Tagesausflüge in die Türkei nach Kuşadasi zu unternehmen (→*Kuşadasi*).
Kuşadasi eignet sich hervorragend als Standort für Landausflüge zu den berühmten antiken Stätten von Ephesos, Priene, Milet und Didyma.
Dabei ist jedoch zu beachten, daß man als Charterurlauber nur Tagesausflüge von Griechenland in die Türkei unternehmen darf. Andernfalls können die griechischen Behörden dem Urlauber bei der Rückreise das Rückflugticket streichen.

Unterkunft

Informieren Sie sich am besten vor einem solchen Ausflug genauestens bei der EOT-Touristeninformation in Sámos-Stadt (→*dort*).
Teuer sind diese Ausflüge in die Türkei allemal, nur die Schiffsahrt nach Kuşadasi kostet schon fast 50 DM, der Tagesausflug nach Ephesos fast 100 DM. Doch trotz dieser unverhältnismäßig hohen Preise sind die Ausflüge ungemein reizvoll, es besteht die Chance, die bekanntesten antiken Stätten in Kleinasien kennenzulernen.

Unterkunft

Sowohl auf Sámos als auch auf Ikaría sind alle **Hotels** einer Klassifizierung unterworfen (Luxus-Kategorie und Kategorie A-E). Doch verschwimmen oft die Unterschiede zwischen den einzelnen Kategorien, vor allem in den unteren Preisklassen.
Der Urlauber hat durch diese Art von Klassifizierung lediglich den Vorteil, daß auf diese Weise die Preise reglementiert und staatlich kontrolliert werden, denn jedes Hotel muß sie öffentlich aushängen (meist in den Zimmern).
Doch lassen Sie sich durch diese Aushänge nicht verunsichern, sie sollten Sie auf keinen Fall daran hindern, einen möglichst günstigen Preis auszuhandeln. Vor allem in der Vor- oder Nachsaison, wenn die Hotels nicht mehr ausgelastet sind, kann man leicht den Preis drücken.
Aber ebenso kann zu dem eigentlichen Zimmerpreis noch ein Aufschlag für irgendwelche zusätzlichen Leistungen erhoben werden, deshalb sollte man sich auf jeden Fall vorher bei der Rezeption nach dem Endpreis für das Zimmer erkundigen.
Weniger stark reglementiert, dafür aber leider auch nicht mehr so gut kontrollierbar sind die zahlreichen **Pensionen und Rent Rooms**. Sie bilden das zweitgrößte Kontingent an Unterkünften, auf Ikaría sind sie sogar in der Überzahl. Man sollte auf jeden Fall vorher den Preis aushandeln, auf mündliche Absprachen ist in der Regel auch Verlaß.
Doch zweifelt man an der Ehrlichkeit des Vermieters, sollte man den Gang zur Touristenpolizei nicht scheuen, denn ,,schwarze Schafe'' gibt es leider überall.
Jugendherbergen sind in Griechenland fast immer sehr einfach ausgestattet und daher recht preiswert. Fast überall ist ein internationaler Jugendherbergsausweis notwendig. Auf beiden Inseln existieren jedoch keine Jugendherbergen.

Ferienwohnungen können teilweise schon von zu Hause aus gemietet werden, es ist aber auch an Ort und Stelle möglich über eine der vielen Agenturen auf Sámos.
Auf Ikaría werden Ferienwohnungen so gut wie gar nicht angeboten.
Buchungen an Ort und Stelle sind in der Regel etwas preiswerter als von zu Hause aus, das gleiche gilt im Prinzip auch für Ferienhäuser.
Auf beiden Inseln ist die immer noch schönste Art von Unterkünften die in **Privatzimmern**. Die Möglichkeit, Kontakt zu den Einheimischen zu bekommen, ist so auf jeden Fall gegeben.

Unterhaltung

Unterhaltung in Form von Nachtleben findet man hauptsächlich in Bars und Diskotheken. Besonders auf Sámos kann jeder Urlauber die Diskothek ausfindig machen, die seinem Geschmack entspricht, die Auswahl ist enorm. Ikaría ist in dieser Hinsicht bedeutend ruhiger.
In manchen Tavernen gibt es Live-Musik, teilweise sogar mit Tanzdarbietungen, doch sind diese Veranstaltungen auch meist für Urlauber arrangiert.
→ *jeweilige Ortschaften*

Valeondádes (Sámos)

Die Straße, die in Platanákia Richtung Manolátes abzweigt, führt schon nach wenigen hundert Metern durch ein ungewöhnlich üppig grünes Tal mit einem kleinen Bachlauf. Vor allem im Frühsommer ist dieses Tal übersät mit blühenden Oleanderbüschen, dazu das Plätschern des Baches.
Dieses Tal, auch Valeondádes, Tal der Nachtigallen, genannt (die es hier früher wohl in Scharen gegeben haben soll), ist auch bei den Griechen ein beliebtes Ausflugsziel und ein schöner Picknickplatz. Hier befinden sich zwei Tavernen, die mit zahlreichen Tischen im Freien unter Büschen und Bäumen locken. Es ist sehr angenehm, hier zu sitzen, selbst im Hochsommer ist es erfreulich kühl aufgrund der vielen Bäume und des Baches.
Tip: Vor allem im Hochsommer spielen in diesen Tavernen öfters Live-Musiker Bouzoúki. Wenn man einen richtigen griechischen Bouzoúki-Abend erleben möchte, dann sollte man sich hier einmal informieren.
Mit dem Linienbus von Sámos-Stadt ist das Tal bis Platanákia zu erreichen, die restliche Wegstrecke muß man zu Fuß gehen. Es besteht eine sehr gute Busverbindung, mindestens 10 x täglich im Sommer verkehren Busse.

Verhalten

Verhaltenstips werden leider von vielen Urlaubern nicht ernst genug genommen.

Man sollte immer bedenken, daß man nur Gast in einem Land ist, das in einigen sozialen und gesellschaftlichen Bereichen andere Moralvorstellungen hat als unser eigenes Land und daher Fingerspitzengefühl verlangt. Wenn Sie sich so verhalten, wie Sie es zu Hause auch würden, dann dürfte es in den meisten Fällen schon richtig sein.

Gast zu sein bedeutet, daß man die Gastfreundschaft genießen, aber nie ausnutzen sollte, denn in vielen Fällen besitzt der Reisende mehr als der Gastgeber. Das griechische Wort für Gast ist identisch mit dem Wort für Fremder, beides heißt ,,o xénos''; durch Ihr Verhalten können Sie dazu beitragen, daß Sie nicht nur Fremder bleiben.

Mit Bade- oder Strandkleidung sollte man nicht zum Einkaufsbummel durch die Stadt gehen. Außerdem ist es obligatorisch, beim Besuch von Kirchen und Klöstern eine lange Hose bzw. ein langes Kleid zu tragen und die Schultern bedeckt zu halten.
→*Kleidung*

Verkehr

Die Verkehrsregeln in Griechenland und auf den Inseln entsprechen im wesentlichen den unsrigen, auch wenn ihre strikte Einhaltung nicht unbedingt in der Natur der Griechen liegt.

Oft erscheint einem verkehrsbewußten Mitteleuropäer der Autoverkehr recht chaotisch, und man muß sich erst daran gewöhnen. Vorsicht und Achtsamkeit ist auf jeden Fall geboten. Zwar sind auf Sámos die Hauptverkehrsstraßen recht gut ausgebaut, doch man muß immer wieder mit plötzlichen Schlaglöchern oder in den Bergen mit Steinschlag rechnen. Eine wirkliche und nicht zu unterschätzende Gefahr stellen in der Hauptreisezeit die vielen ungeübten Moped- und Motorradfahrer dar, die hier oft das erste Mal auf einem Zweirad sitzen.

Auf Ikaría sollte man allein schon wegen der extrem kurvenreichen Streckenführung äußerst vorsichtig fahren, hier ist der Verkehr zwar bei weitem nicht so dicht wie auf Sámos, doch dafür sind auch die Straßenverhältnisse bedeutend schlechter.
→*Reisen auf und zwischen den Inseln*

Versicherungen

Zu empfehlen ist eine Reisegepäckversicherung (→*Kriminalität*).
Wer mit dem Auto unterwegs ist, der sollte einen Auslandsschutzbrief eines Automobilclubs mit sich führen und zumindest für die Dauer des Urlaubs für das mitgeführte Auto eine Vollkaskoversicherung abschließen (→*Dokumente*). Eine Zusatzkrankenversicherung ist in den meisten Fällen überflüssig, da die übliche Krankenversicherung ausreicht (→*Ärztliche Versorgung*).

Visum

Bei der Einreise ist grundsätzlich kein Visum notwendig, es sei denn, man will sich länger als drei Monate im Land aufhalten. Dann muß man spätestens 20 Tage vor Ablauf der drei Monate bei der örtlichen Polizei ein Visum beantragen. In der Regel gibt es keine Schwierigkeiten, wenn man einen solventen Eindruck macht und Sicherheiten nachweisen kann.
→*Dokumente*

Vlammarí (Sámos)

Die Vlammarí-Ebene östlich von Sámos-Stadt ist eine üppig grüne Ebene mit zahlreichen Olivenbäumen und Weingärten. Am Rande dieser Ebene liegen zwei der schönsten Klöster von Sámos, nämlich das Kloster Agía Zóni (→*dort*) und das Kloster Zoodóchos Pigí (→*dort*). Hierhin kann man auch gut kleinere Wanderungen von Sámos-Stadt aus unternehmen.

Vourliótes (Sámos)

Das kleine Bergdorf Vourliótes liegt an einem dicht bewaldeten Ausläufer des Berges Ámpelos oberhalb der Nordküste von Sámos. Das Dorf ist Zentrum der Weinproduktion auf Sámos. Bekannt geworden ist es durch den berühmten ,,Samaina-Wein", der auch über die Grenzen Griechenlands hinaus sehr geschätzt wird.
Vourliótes ist ein äußerst sehenswertes Dorf, das sehr viel von seinem ursprünglichen Ambiente bewahrt hat. Noch immer ist der größte Teil des Dorfes für den Autoverkehr gesperrt. Der zentrale Dorfplatz gehört sicherlich zu den schönsten auf ganz Sámos. Hier befinden sich mehrere Kafenía, die um die Gunst der Urlauber werben.

Am Ortseingang liegen gleich zwei Tavernen, die sehr zu empfehlen sind, hier kann man auch den berühmten ,,Samaina-Wein" probieren.
Doch nicht nur das Dorf selbst, sondern auch die wirklich zauberhaft grüne Umgebung machen einen Aufenthalt in Vourlióstes zu einem unvergessenen Erlebnis. Die Landschaft um das Dorf, das umgeben ist von terrassierten Weinfeldern, Pappeln und Zypressen, könnte einem impressionistischen Gemälde entstammen. Von Vourliótes aus führt eine befestigte Straße zum 2 km entfernten Kloster Vrondiáni (→dort).

Vourliótes / **Praktische Informationen**
Unterkunft
In begrenztem Umfang werden in Vourliótes auch Privatzimmer vermietet.
Verkehrsverbindungen: Der Ort selbst hat keine direkte Busverbindung mit Sámos-Stadt, der Linienbus hält an der Kreuzung der Hauptstraße, die restlichen 4 km muß man zu Fuß gehen. (Im Winter mindestens 5 x täglich, im Sommer mindestens 10 x täglich Busverbindung.)
Angeblich soll es neuerdings im Sommer 3 x wöchentlich eine direkte Busverbindung zwischen Sámos-Stadt und Vourliótes geben, erkundigen Sie sich bitte vorher danach.

Vrondiáni (Sámos)

Das Kloster Vrondiáni liegt in einer etwas lichteren Waldlandschaft 458 m hoch oberhalb des Dörfchens Vourliótes.
Als Gründungsjahr wird das Jahr 1566 angegeben, und somit gehört es zu den ältesten Klöstern von Sámos.
Es ist auf jeden Fall einen Besuch wert, denn es beherbergt in seiner Klosterkirche nicht nur eine wertvolle goldüberzogene Ikonostase, sondern die gesamte Anlage strahlt ebenfalls eine unglaubliche Ruhe aus.
Zwar sind Teile der Klosteranlage heute vom Militär besetzt (aufgrund der angeblich so günstigen strategischen Lage), dennoch hat man die Möglichkeit, die Klosterkirche und die gesamte Anlage in Ruhe zu besichtigen.
Im Mittelpunkt des Innenhofes ist ein kleines Fischbecken, um den Hof herum sind überall Ruhebänke aufgestellt, teilweise wunderschön überrankt mit Grünpflanzen. Die Farben blau und weiß setzen auch hier die Akzente, und am späteren Nachmittag läßt das warme Licht der Sonne diesen Ort als besonders paradiesisch erscheinen. Das Kloster hat keinerlei Verkehrsverbindungen mit anderen Orten der Insel, man ist auf seine Füße oder auf einen Mietwagen angewiesen.

Währung →*Geld und Devisen*

Wandern

Beide Inseln eignen sich aufgrund ihrer landschaftlichen Vielfalt ganz hervorragend zum Wandern, doch stellen sie an Kondition und Erfahrung schon einige Ansprüche.

Die beste Jahreszeit ist auf jeden Fall das Frühjahr, wenn die Hitze noch nicht so groß ist und die Inseln sehr grün und mit einer schier unglaublichen Anzahl von Blumen übersät sind.

Die Berge auf Sámos gehören mit zu den höchsten in der Ägäis, hier sollte man auf jeden Fall Erfahrung mitbringen. Vor allem im Frühjahr kann das Wetter in den Bergen ziemlich schnell umschlagen und eine Rückkehr fast unmöglich machen.

Auf Ikaría wird man auf den Wanderungen von der Einsamkeit weiter Landstriche bezaubert. So steil die Insel vom Meer her aussieht, sie läßt sich trotzdem auch von Anfängern gut erwandern.

Doch ist es nicht nur die Landschaft auf beiden Inseln, die die Wanderungen zu einem Erlebnis macht, sondern es sind auch die vielen Kontakte, die man auf solchen Wanderungen unweigerlich mit den Einheimischen haben wird. Wundern Sie sich nicht, wenn man Ihnen mit großem Erstaunen begegnet, da Sie zu Fuß laufen. Die Griechen verabscheuen das Gehen, lieber fahren sie auch nur kurze Strecken oder reiten auf dem Esel. So begegnet man sehr wahrscheinlich auch keinem griechischen Fußgänger auf den Wanderungen, höchstens einmal einem Schafshirten oder einem Bauern auf dem Feld.

Wein

Weinanbau hat in Griechenland und auch auf vielen griechischen Inseln eine lange Tradition, die bis weit vor Christi Geburt zurückreicht. Mit über 600 000 t Wein pro Jahr ist Griechenland auch heute noch einer der ganz großen Weinproduzenten in Europa.

Sámos besitzt als Weininsel Weltruf. Vor allem der sehr süße Muskatwein wurde zum Markenzeichen der Insel. Noch immer werden diese sehr süffigen Dessertweine auf der Insel produziert, doch wurde der Anbau in den letzten Jahren ebenfalls immer mehr auf leichtere und trockenere Tischweine ausgedehnt. Hier ist besonders der Samena-Wein bekannt, den es sowohl als Weiß- wie auch als Roséwein gibt.

Etwas süßer sind die Weine aus der ebenfalls bekannten Fukiano-Traube (hauptsächlich als Rotweine erhältlich).
Der Weinanbau auf der Nachbarinsel Ikaría hingegen deckt fast überwiegend nur den Eigenbedarf.
Darüber hinaus ist auf beiden Inseln natürlich auch Wein aus anderen Teilen des Landes erhältlich, so auch der bekannteste griechische Wein, der Retsína. Der Retsína ist ein Wein, dem das Harz der Strandkiefer als Konservierungsmittel zugesetzt ist, dadurch erhält er seinen unnachahmlichen Geschmack. Auf jeden Fall handelt es sich hierbei um bekömmlichen Wein, auch wenn man ihn vielleicht anfangs nicht mag.

Wetter →Klima

Wirtschaft

Natürlich ist der Tourismus auf Sámos mittlerweile zu einem sehr bedeutenden Wirtschaftsfaktor geworden, doch rührt der eigentliche Reichtum der Insel vom Weinanbau her. Der Wein spielt im Leben der Samioten eine besondere Rolle, er ist der eigentliche Lebenssaft der Insel. Begünstigt durch die hervorragenden klimatischen Verhältnisse ist die samiotische Weinwirtschaft eine immer noch blühende Industrie. Es existieren über 30 Winzergenossenschaften auf der Insel, die in der Vereinigung der Winzer E.O.S. zusammengeschlossen sind. Mit ihren rund 6000 Mitgliedern produzieren die Genossenschaften über 100 000 Hektoliter Wein (ein Spitzenwert). Der Ertrag wird zu fast 90 % exportiert. Die bekanntesten Großkellereien befinden sich in Karlóbasi und Malagári, sie sind mit modernster Technik ausgestattet und können täglich zwischen 400-600 t Trauben verarbeiten. Dies entspricht einer stündlichen Flaschenproduktion von bis zu 1000 Flaschen.
So braucht sich Sámos um seine wirtschaftliche Zukunft keine Gedanken zu machen. Das steigende Tourismusaufkommen kurbelt den Weinanbau höchstens noch mehr an. Daher wird mittlerweile eine Fläche von fast 2500 Hektar bewirtschaftet.
Auf Ikaría spielt die Landwirtschaft eine entscheidende Rolle. Aufgrund des fruchtbaren Bodens und der ausgezeichneten Wasserverhältnisse gedeihen Obst und Gemüse auf dieser Insel in Hülle und Fülle.
In der Antike bildete der Wein auch auf Ikaría die Grundlage des Wohlstandes, doch jetzt spielt der Weinanbau keine bedeutende Rolle mehr.

Die Ikarioten sind bodenständige Menschen, Fischfang wurde hier noch nie groß geschrieben. Es ist eine rein bäuerliche Insel, die durch den Tourismus inzwischen teilweise im Umbruch begriffen ist.

Xylosýrtis (Ikaría)

Xylosýrtis ist ein noch recht schmuckes Dorf, ca. 6 km westlich von Ágios Kírykos an der Südküste der Insel gelegen. Inmitten eines fruchtbaren Aprikosenhaines liegend zeigen noch einige Häuser des Dorfes ihre ursprüngliche Dacheindeckung mit Steinplatten.
Der Sage nach soll sich Ikarus hier zu Tode gestürzt haben, als er auf seinem Flug der Sonne zu nahe kam.
Überragt wird der Ort von einer Kuppelkirche.
Beim Ort befindet sich ein kleinerer Strand, zwar mit groben Kieselsteinen, dafür aber mit recht sauberem Wasser.
Man könnte an dem Ort mit seiner netten Atmosphäre und den kleinen Tavernen Gefallen finden, wenn nicht so viel im Betonstil gebaut würde.
In Xylosýrtis werden einige Privatzimmer vermietet, Hotels gibt es zur Zeit noch nicht.
Von diesem Ort aus bieten sich kleinere Ausflüge zu den weiter westlich gelegenen Dörfern auf allerdings recht schlechter Straße an.
Doch nur ein Teil der Südküste läßt sich von hier aus erkunden, einige Dörfer, vor allem weiter westlich, sind noch völlig ohne Straßenbeleuchtung und können nur vom Meer aus erreicht werden.

Zeit

Griechische Uhren sind auf osteuropäische Zeit (OEZ) eingestellt, die der mitteleuropäischen Zeit (MEZ) um eine Stunde vorauseilt. Im Sommer werden genau wie in Deutschland die Uhren um eine weitere Stunde vorgestellt, so daß der Zeitunterschied konstant bleibt: Bei der Einreise muß man die Uhr um eine Stunde vor-, bei der Ausreise wieder um eine Stunde zurückstellen.

Zeitungen

Auf Sámos erhält man in jedem größeren Ort mit Tourismusaufkommen deutschsprachige Zeitungen und Zeitschriften.
Durch die guten internationalen Verbindungen der Insel sind die aktuellen Tageszeitungen teilweise schon am späten Nachmittag des gleichen Tages verfügbar, die Illustrierten oft nur mit einem Tag Verspätung.

Auf Ikaría sieht die Sache schon anders aus, lediglich im Hauptort sind — wenn überhaupt — deutschsprachige Zeitungen zu bekommen und wenn, dann auch nur mit Verspätung.

Zoll

Einreise: Zollfrei sind alle Gegenstände des persönlichen Bedarfs sowie Geschenke, wenn sie nicht mehr wert sind als 11 000 Drachmen (= ca. 125 DM). Zollfrei sind weiterhin 300 Zigaretten oder 75 Zigarren oder 150 Zigarillos oder 400 g Tabak. Weiterhin 5 l alkoholische Getränke unter 22 % (Wein, Bier), 1 1/2 l hochprozentige Getränke, 75 g Parfüm und 3/8 l Kölnisch Wasser. Allerdings steht zu erwarten, daß sich mit Einführung des europäischen Binnenmarktes in wenigen Jahren auch diese Beschränkungen ändern werden. Das mitgebrachte Kfz wird im Reisepaß eingetragen, damit die Wiederausfuhr kontrolliert werden kann. Wird das Auto nicht wieder ausgeführt, ist ein deftiger Einfuhrzoll fällig (deshalb im Falle eines Unfalls oder einer Panne, die die Wiederausfuhr verhindert, unbedingt eine Bescheinigung bei der örtlichen Polizei besorgen!).
Ebenso in den Paß eingetragen werden folgende Dinge des ,,persönlichen Bedarfs", die der Reisende einführen darf (allerdings wird diese Kontrolle bei Charterurlaubern nur sehr lasch gehandhabt, oft braucht sogar gar nichts deklariert zu werden): ein Fotoapparat, eine Filmkamera (jeweils mit einer angemessenen Menge Filmmaterial), eine tragbare Videokamera (Camcorder) mit Zusatzausrüstung und Bandmaterial, ein Fernglas, ein Kassettenrecorder, eine Reiseschreibmaschine, ein Fahrrad, Sport- und Campingausrüstung (dazu gehören auch Surfbrett und Skier), eine Gaspistole und ein Jagdgewehr mit max. 20 Patronen/Person. Bei Nichtwiederausfuhr ist ebenfalls ein deftiger Einfuhrzoll fällig.
Andere Waffen, Blumen, Pflanzen und Funkgeräte dürfen nicht eingeführt werden. Einfuhr von griechischen und ausländischen Devisen →*Geld und Devisen*
Ausreise: Zollfrei ausführen darf der Reisende Souvenirs bis zu einem Gesamtwert von 150 $, Reiseproviant bis zu 50 $.
Strengstens verboten ist die Ausfuhr von Antiquitäten, seien es auch nur Tonscherben irgendeiner Ausgrabung. Wer bei dem Versuch erwischt wird, landet fast unweigerlich hinter Gittern.
Für die Wiedereinreise in die Bundesrepublik Deutschland gelten die üblichen EG-Bestimmungen.

Zoodóchos Pigí (Sámos)

Das ganz im Osten der Insel gelegene Kloster Zoodóchos Pigí ist sicherlich eines der lohnenswertesten Ausflugsziele von Sámos-Stadt aus.

Das Kloster wurde im Jahre 1756 gegründet und 1782 erneuert, die Klosterkirche stammt aus dem Jahre 1786. In ihrem Innern beherbergt sie eine wundervoll geschnitzte Ikonostase und die prachtvolle in Silberrelief gefaßte Ikone des Klosters.

Man beachte auch die Säulen der Kirche, die die Kuppel tragen, sie stammen aus dem kleinasiatischen Milet.

Der schöne Innenhof des Klosters mit seinem Brunnen und seinen beiden uralten Zypressen lädt zu einer Rast ein.

Von der Terrasse vor dem Kloster aus kann man die wunderschöne Aussicht genießen und die Eindrücke, die solch ein Klosterbesuch mit sich bringt, wirken lassen.

Zum Kloster besteht keine Busverbindung. Die Strecke von 7 km eignet sich ebenfalls gut für eine Wanderung, bei der sich auch ein Abstecher zu dem in der Nähe gelegenen Kloster Agía Zóni (→*dort*) mit dem gleichnamigen kleinen Ort anbietet.

Unterwegs ist eine Rast in dem kleinen Weiler Kamára, der über mehrere Tavernen verfügt, möglich.

Der Sprachführer für Ihre Griechenland-Reise

★ mit einem Wortschatz, der speziell auf die Bedürfnisse von Reisenden abgestimmt ist.

★ mit zwei Wort-Registern (jeweils Deutsch/Landessprache und Landessprache/Deutsch)

★ mit einer Kurzgrammatik

und vor allem

★ mit einer einfachen, sofort nachvollziehbaren Lautschrift

Bei Ihrem Buchhändler!

Folgende Titel erscheinen im Hayit Verlag:
Englisch ★ Französisch ★ Griechisch ★ Italienisch
★ Japanisch ★ Niederländisch ★ Norwegisch
★ Polnisch ★ Portugiesisch ★ Russisch ★ Schwedisch
★ Spanisch ★ Türkisch ★ Tschechisch ★ Ungarisch
(alle 144 Seiten, 12,80 DM)

Hayit Verlag
Hansaring 82, 5000 Köln 1, Tel. (02 21) 12 30 88

Köstlichkeiten aus aller Welt

100 griechische Gerichte
schnell + preiswert nachzukochen

Aus dem Inhalt:
- ★ Essgewohnheiten der Griechen
- ★ Gewürze und Zutaten
- ★ Getränke
- ★ Vorspeisen
- ★ Suppen
- ★ Salate
- ★ Gemüsegerichte
- ★ Fleischgerichte
- ★ Fischgerichte
- ★ Pittas und Aufläufe
- ★ Desserts und Gebäck

176 Seiten mit Farbfotos, **19,80 DM.**
ISBN 3-89452-124-8

Bei Ihrem Buchhändler

Dreisam Verlag

Hansaring 82, 5000 Köln 1
Tel. (02 21) 13 80 44, Fax (02 21) 13 29 67

Wenn das

steigt

Spannende Reportagen, informative Berichte und handfeste Ratschläge zum Thema Reisen. Für 4,50 DM alle zwei Monate neu bei Ihrem Zeitschriftenhändler oder im Abo.
REISEFIEBER. Die Zeitschrift für alle, die das Reisefieber gepackt hat.

Hayit Verlag

Hansaring 84-86, 5000 Köln 1
Tel. (02 21) 12 30 88, Fax (02 21) 13 29 67

Informative Reiseführer für wenig Geld

Bücher aus der Serie *„Nützliche Reisetips von A-Z"* :

- ☆ Arizona
- ☆ Aquitanien
- ☆ Barbados
- ☆ Brandenburg
- ☆ Costa Blanca
- ☆ Costa Brava
- ☆ Costa de la Luz
- ☆ Costa del Sol
- ☆ Dominikanische Republik
- ☆ Florida
- ☆ Französische Alpen (Dauphine)
- ☆ Fuerteventura
- ☆ Goa
- ☆ Gomera / Hierro
- ☆ Gran Canaria
- ☆ Ibiza
- ☆ Isla Margarita (Venezuela)
- ☆ Jugoslawien (Adria)
- ☆ Kalifornien
- ☆ Kanada-Ost
- ☆ Korfu
- ☆ Korsika
- ☆ Kos
- ☆ Kreta
- ☆ Kuba
- ☆ Lanzarote
- ☆ La Palma
- ☆ Lesbos / Chios
- ☆ Malediven
- ☆ Mallorca
- ☆ Malta
- ☆ Marokko
- ☆ Mauritius
- ☆ Menorca
- ☆ Mykonos, Tinos, Delos
- ☆ Neuseeland
- ☆ Niederlande
- ☆ Nordgriechenland
- ☆ Ostseeküste (Mecklenburg)
- ☆ Paros, Naxos
- ☆ Peleponnes
- ☆ Portugal
- ☆ Provence
- ☆ Réunion
- ☆ Rhodos
- ☆ Samos, Ikaria
- ☆ Santorin, Ios
- ☆ Sporaden, Pilion
- ☆ Teneriffa
- ☆ Türkei (Ägäis)
- ☆ Türkei (Kappadokien)
- ☆ Türkei (Mittelmeer)
- ☆ Türkei (Ostanatolien)
- ☆ Türkei (Schwarzmeer)
- ☆ Tunesien
- ☆ Ungarn
- ☆ Zypern

jeder Band mit Farbfotos, jeweils nur 12,80 DM

Fragen Sie Ihren Buchhändler nach Reiseführern aus der Serie *„Nützliche Reisetips von A-Z"*